回知回录

四

端木蕻良 著

沈阳出版发行集团
沈阳出版社

日知日録第八

日知日录　第八册

端木蕻良

一九五六，一月、二十七日将记。

日知日録第八

曹京平

在實踐中必然會發現錯誤，得隨時改正，从善如流！

墨子代表中國古代勞動人民的思想，应該研究。現在僅作摘録式的筆記，完不參以己意。如于氏認為兼愛中"以利荊楚干越与南夷之民"，嘉靖本、綿眇閣本、堂策檻本、宝曆本均作"以利楚荊越……"，無"干"字。我則以為有"干"字，于是"于"之寫誤，于古通字，即"於越"。但也都不註在條下，待將來再另行筆記，以後翻檢。（又如"夫婦節則天地和"，于釋節即和，實則節即節，即儉，與無知意，節即無臆妄之意。）決定以十年的工夫，把墨子弄通，然後做通俗化的工作，使這部書可以人人可懂，這也是我的工作指标。

墨子之徒对守城都為專家，如把守城情況作出復原模型，想亦相当有價值，未知此種工作可以進行否？又他的邏輯学也是最傑出的，也要加深来研究。

雙劍簃墨子新証改訂本

夫惡有同方取不取同而已者乎 親士

此文應讀是夫惡有同方不〻取〻同而已者乎，即夫烏有同方不取，不取同而已者乎。

殺傷人之孩無存之心 脩身

孩應讀作期。老子如嬰兒之未孩，言如嬰兒之未期也。

設壯日盛 仝上

設應讀為翕。書盤庚各設中于乃心，漢石經設作翕。莊子人間世故忿設無由，忿設即忿翕。翕歛莊靜則日盛也。上句顏款曰愈，禮記表記作安肆曰偷，可知。

五入必而已則為五色矣 所染

原儀氏校一本無必則明二字。

反棄染手中辛推哆 所染

畢沅引呂羊春秋云反棄染於羊辛、宋唐本亦作羊辛、

殷紂染於崇侯惡來 所染

按惡來即亞來

厲王染於厲公長父榮夷終 上仝

厲作𪊤，長父有作長公

宋康染於唐鞅佃不禮 上仝

佃作田，禮一作禮。

行暗禮於染當 上仝

性作生。錦腋閣帖作在。

必擇所堪 所染

宜擇下有其字。

故為立人事此皆有所取友 原注

按取猶可也。

莫可以為法治 原注

法下舊有而方二字，孫據王說刪。

然以莫不犓羊豢犬豬 原注

蓋時學謂犓乃勿勿牛及字而誤合為一者

曰殺不辜者 仝上

按曰有作日

兼愛天下之百姓 仝上

錦、子、兼下皆有愛字、

甚賊人多 仝上

為作賊其人多、宜作其賊人多。

故天禍之使遂失其國 上仝

孙理遂与隊通是。

所信者不忠 所忠者不信 七患

即所言忠、而不見信也。

民無食則不可事 七患

按事並讀作使、全文事使同字。

故國離寇敵則傷 上仝

按傷亦讀作喪。管子弔傷之禮、傷謂喪祭也。

欲國無亂 辭過

國作用

交則飾饐 上仝

飾疑錄

以百字作斂於百姓 上令

王念孙作斂与籍斂同。

凡囿於天地之間 上令

凡立讀作盤

無乃非有血氣者之所不能至也 辨三

非立讀作彼。非匪彼古通字。

無大後患 辨三

大應讀作夫。夫大古通。易比象，後夫凶，大鼎，善夫作善大

大差監、大差即夫差。大良造鞅量、齊口卿大夫、眾來聘、齊夫夫

出節、辟夫夫虎節、辟夫夫信節、夫夫即大夫。

牆主既謹上為鑿一門 上尚賢

谨，司，谨也。

莫不敬惧而弛 上 尚贤

而左作不。盟更不惕之惕，乃易之假字。不惕之系上句。

弛易古通。左读为莫不敬惧不易。

故唯帝三代四五王……中 尚贤

唯雖古通。

天下皆得其利 上仝

古本作列。

度帝之德庸 上仝

训庸为功。

乃熟凶年有及也 上仝

熟者为孰，孰谓积富

王曰於 上仝

盂鼎 王曰■ 所 或謂曰古於字、

晞夫聖武知人 下書殷

兮伯簋 愍聖元武。

此安生生 上仝

盤庚 敢蓋生生。

王公大人骨肉之親戚 辟足 上仝

宋作感 感通感。

是以使百姓皆攸心解從 上仝

攸為放之謂、放遠逆之謂、

湯加臣 上仝

曰伊尹

故交相非也 尚同上

亦作故相非是也。

甚明察以審甚 上仝

某本訓延譌為甚

溱溱而至者 上仝

亦作湊之。

尚同義其上而毋有下比之心 尚同中

皆同隱匿良下比也。

意若聞見善不以告其上 尚同中

意亦讀作抑

呂刑之道曰 上仝

呂書作呂

政以為使辟言宗於父兄故舊 古同中

政作故，固故通，固必也。辟言宜作譬，宗於作宗族。

百姓為人 古同下

人尸古字通，尸古夷字。

將使助治亂刑政也 仝上

按亂本亦作亂，亂金文治字。亂即亂之譌，

唯辯而使助治天明也 仝上

使亦讀作事。

唯信身而從事 仝上

身亦讀作申

故盜賊已有 兼愛上

有古音讀以故與以字。亦讀為故盜賊以無。

然則崇此害亦何用生哉 中 蒹葭

崇乃崇之誤。崇乃察之借字也。崇殺蔡察古字通。

以不相愛生邪 上仝

俞樾云：當作以相愛生邪，乃反言以問之。

天下之物雖物于故也 上仝

物乃利之譌。甲骨金文利多作𥝢，故易混也。

以利荊楚干越与南夷之民 上仝

䤸殷、䤸馭，从王南征，伐荊楚。

省本無干字

乍光于四方于西土 中 蒹葭

乍昌作籀作乍

天屑臨文王慈 上仝

屑說文作屑，書多士大淫洪有辭，馬本洪作屑，屑僴俏古同字。屑字误作异，屑异双声并喻母字，不惟释诂临视也。

盂鼎：古天异临子，古读故。屑临即异临，乃古文语例。

个 连独无兄弟者 兼爱中

连当读为矜，古矜独之矜本作矜，乃鳏之借字。书多士：予惟率肆矜尔，论语：则哀矜而勿喜，论衡引矜并作憐。是矜本应作矜。

曾孙周王有事 兼爱中

按曾孙乃孙之通称

又与今人之贱人 兼爱上

按贱当作贼

姑尝本原…… 兼爱上

泰山刻石：本原事业 用法同。

維以為二十 下 兼爰

維當為唯。

故約食為其難為也 下 兼爰

其字後作綦，極也

卷二

个 情款譽之害 中 非攻

舉字後作峯

往而靡弊腑冷不反 旨 中 非攻

畢謂腑即腐字異文是也。今字作泠，泠零古通。

虛數于千 上 公

襍守篇：富人在虛，虛亦謂虛邑，是其證。

而智伯莫為陰焉 非襄中

按為猶与也

必順慮其義 非攻下

順慮古字通

是以動則不疑速通成得其所欲 仝上

成當讀作誠

鬼富之 仝上

鬼為畏 富當讀作福

皆列於舟車卒戠 仝上

皆當作比

卒進乃柱乎門 仝上

柱謂橋柱

以悍其家上仝

宋本译作殚，亦悍之借字也。

大毅之人减鬼神之主上仝

宋緩作制

幸不和和下脱攻

知召和之谋而行，幸当作夲。

害之不久上仝

害应读作遏

是知阎泉失辛：：

辛为平之误，平义犹。

今不尝欢其说

尝与古字通

个 今還支好改代之尺 上合

還 宋本作戕述

鸛鳴十夕餘 上合

宋作鶴

九葛遷止 上合

止即之

曰天命周文王代殷有國 上合

伐書作代

來帝之來

來書讀作釐 麥見古釐字

芳若皓豊態巧麗始討ミミ

討宋作封

其為下不可勝數如上合

下降也

冬以圉守若用上

按禁禦之禦本亦作圉，圉圉字通。圉亦禦假。圉亦作敔。廣雅釋詁，敔禁也。甲冑文金文禦禦均指祭言，說文禦祀也，猶存古意。

首無而王王為法曰若用上

它本首無無字

有與侵就侵橐節用上

侵本亦作俘，伏俘乃雙聲疊韻字也。亦作伏。

上熏黑恐節用中

惟宮本作重，此古字之僅存者，今又改爲毛公曰與

吳毀，師吳毀，東宮重裏之重不从火，古重字

所改勿論也

誰實爲使民黎之節華下

宮實作霸，古下衍文同。孫詒讓引吳鉞木，衍

文霸作伯，二字古通。

吳鼓公上

鼓乃毀之譌

使爲同陪隰今上

靈文詔讀陽爲隰，引玉篇訓隰爲陂者也

已

喪子死者但時其人之三年

伍缶古通

道死葬南己之市

按已市即紀市，此古字之僅存者。

大鞅萬領 節葬下

書作六鞅竅銓

曰必捶涂差通龍堂雖凡山陵 公上

畢讀作必隧涂差通，龍堂唯山盤山陵。

擇擇而不擇哉 公上

宋本擇作釋

未得次已而爲政 天志上

王引之云：次猶即也。

葉萬世子孫 公上

葉　詛楚文作喋葉，後人改作喋業，後從世字。枼

萬邦萬枼。

夫豈欲其臣國萬民之相為不利哉 天志中

國邦或字

擻遂萬物以利之 仝上

擻遂作邀，邀與文通。遂長也，育也。

非天之所為 仝上

非匪彼古通

雷降霜雪雨露 仝上

綿聯窮本，窮作布。

既可留而已 仝上

宜作既可得知而已。

辟人無以異乎輪人之有規 上仝

宋人作之。

孰予之不享 上仝

宋不祥

吾王曰失王 上仝

失王作佚泆。

担格人之子女者乎 上仝

宋無担字。孫謂担摣通。按金文作[虘+又]。然自担摣行而[虘+又]廢矣。

因以為文義

宋作大

以兵刃毒藥水火退無罪人乎道路率徑 明鬼下

率徑當讀爲術徑。退寺澂懲乃雙聲疊韻字。

慎無尺之帛……明鬼下

慎通誠

予非爾田野葆士之於欲也明鬼下

古作保士

王乎禽推哆大戲明鬼下

乎同呼

賊誅孩子仝上

箕子

先庶國節窺戎仝上

言先庶國以符節觀兵也。

古之今之為鬼

上之猶与也

吾非乃今愛其酒醴粢盛犧牲之財乎 仝上

乃今為古人語例

其所得者臣將何哉 仝上

臣應作臣巨，巨讵古通。

上以交鬼之福 仝上

交應讀作徼，要也。

鐘猶是延鼎也 非樂上

康侯毀延命康侯啚于衛，延命即诞命也。即大鼎也。鐘即鏄鐘之鐘，言自高安視之。鐘猶是大鼎也。

明不轉朴 仝上

朴本应作朴。明眉字通。鍾鼎文多面下謂可惠安

名曰鼓。

小人否似二伯黃經 仝上

此言四小人否，以二為黃經。

黃言孔章 仝上

言作音，应作簧青孔章。

為為銘覺磬以力 仝上

应读為為鳴覺聲磬以力。

吾考弗臨教 仝上

古文當作盧盟，言吾考来及教我。

是以天鬼宮之 仝上

寧猶古字通。

爰有殷之曰奏何字使文王之地及我吾於吾於

豈不亦枕文王之民如哉上非命

上吾應讀作圖，圖與古字通。言我何使文王

之地及我家之家遠垂，此書分矣，豈不亦枕文王之

民也哉。

上之所賞命固且賞非賢故賞如上之所罰命固且

罰，不曰某故罰也，

且宜古字同。

允不著惟天民不而祿上合

而同能，不應讀丕，民應讀作命。民命並明

毋字，信字其大顯著，惟天命不能祿也。

黄若信而有命 非命下

宋本作貴，當讀作遂。言遂若信而有命。

祇褍為僕 非儒下

祇褍即緇絶之假字

奪其先之祭祀弗散 仝上

散殺也，殺猶衰也。

機服勉容 仝上

機同異

子貢季路輔孔悝亂乎衛 仝上

子羔為

卷三

止以久也 經上

久氏古本同字。厥謂逆行上衝也。

方桂 陽四讙也 上仝

讙同觀

似有以相攖 有不相攖也 上仝 此互有禍而后可 上 任說

似嗣如 攖為連合 此乃似之誤 有不作自

治求得也 上仝 治吾事治矣人有治南北 上仝

吾既主其事矣、人又习主之、則背道而馳。

使謂坟 上仝

金文使事同字。

服執說 上任

說之讀作臬。

庫易也 上任

易物之謂

止類以行人說在同 經下

人同夷

知而不以五路說在久 今上

五路 五官 從梁說

堯之義也 ● 生於今而處於古 今上

堯之義也是聲也於今 下 經說

生聲逌聖

二臨鑑而立景到多而若少說在寡區 今上

二爲上〻謀〻臣〻助〻

以楹爲搏於以爲無知也說在意 經下 以楹之搏也見

之其於意也不易先智〻意相也若楹輕於秋其

於意也洋〻然

楷名为楷，楷乃建之假字。智名读作知，相通

想，秋读为揫，皆如。

楷之必往说在废村经下

废村之读为伐栽。

唱和同患说在功仝上

患字通，功通工，

以其知过物作说上

宝作还

谓为是为是之名彼也弗为也仝上

涓为捐，名训以。为是为是之以彼也，弗为也，言因彼

而为是为是弗为也。至为是重文，例甚多。

所令非身弗行仝上

申应读作申，即所令非申弗行。

綦之必其行也，其言之析，使人智之，期必其行如其言之析

析作析，蓋綦之人期人必使言之明显，不可含混也。

佴然者也民若法也 上经说

循应作揗，顺也。

为欲難其指，智不知其害，是智之罪也。

之为以雞脯为愚，以养指为智，是所为与不所

与为，相疑也。

诺超城员止也

应读作诺昭识之也。谓诺者，以昭示诚信言之也。

長短前後輕重援

爰应作孚，符。言符者，其为物不一，而利於用

者，必須長短前後輕重相符也。

疑塗為疑刻士

務叢通。士一作上。之凡有所疑者，必其上有所叢

蕞也。

凡帝上弗挈下弗收旁弗劫剝下直 好說下

上弗挈 一作上帝挈。帝啻古字通。啻但也

問之時若言長言有深淺大常中在兵之長所 今上

宜無長言二字。有本大作天。太常中之誤。太上中。

言若言有深淺，而不深不淺，以今中為太上也。惟在

兵人長所 不解。

若癃病之之於癃也

曹作之止。

為暴人語天之為是也，而性為暴人歌天之為非也。大取

性應讀作生，語與詞同。

躍過無釣 上今

過一作何，言聖人於親，不何盡其為子之事，然

以躍何無釣也，言不何為彼，才何為此。

倪曰之言如刀家之言也。

寵目作口，家應作格，言辟譬而見語口之言。

乃格法之言也。

方寵尺之不至也，與不至鍾之不至不異 大取

方謂此方，言比至尺之不至，與至鍾之不至不異也。

苟是石也白，敗是石也，盡與白同。是石也，唯大不與大同，是有便謂焉也。大取

雖唯通，敗則通，從辯也，言苟是石也白，則是石也，盡与白同，凡石之白，切相同也，是石雖大，不与大同，凡石之大不一致，是有辯謂焉也，

以劍与挺……

挺乃梃之误，

其數在鼓栗

鼓栗者讀作慄慄

其數在申

申者作由

兼愛相若一愛相若一愛相若，其數在死也，

死曰尸，也曰他，尸謂主，

愛人待周，愛人而後為愛人，不愛人不待周，不愛人

不闲衰，闲为不衰人矣，乘马不待闲，乘马能致为乘马也 小尔

按不闲衰，各本同作不失闲衰，俞樾训闲为备是也，以失字为衍文，非是。也通耶，言乘马岂待备乘马能致为乘马耶。 以乘马不待闲乘马能致为乘马也。

子将谁殴 耕柱

此墨子自言上大行，驾骥与羊，我将谁殴，而令耕柱子谓之也。

骥足以责 今上

以以骥足责之，

人不见而耶，鬼不见而富 今上

邪者作助．下而行．

三棘六異 上仝

六翼者六鼎外高起之隔，今日發現之時商

鼎，方者有六隔。

亡足以穫行無常之不足、、

三常字均應該作當

我何故疾無之不拂而不疾者之拂 耕柱

拂弼古通，疾猶痛。

救常之月無 上仝

常作當

子墨子自魯即齊，過故人，謂子墨子曰 貴義

宣魯下有之字，故人二字有衍文，是本作子墨

子自鲁之齐，北过故人，故人谓子墨子曰、

见费献惠王

言称献书惠王

布不敢继苟而雠焉 贵文

苟为笱之误

市贾信徙

宜作信徙、

著税伪材 盆公

著附相互为训、伪疑当为赂、伪通化、犹讹

之作讹、

迷之 盆公

迷通循

讎言怨行暴失天下　曾問

讎讎 理招也。

楚之南有啖人之國□者橋其國之長子生則鮮而食

之　魯問

橋本亦作喬、喬猶於如

上者過則徵之以諫　魯問

微切徵、徵即微、此言繩以諫也。

魯人有因子墨子而學其子者　上仝

子乃毅

亟敗楚人　上仝

古音陽通

卷四

以氏不召宜上矣 备城门

置目耳，置应读作诅

孔之为二幕二

二孔为二幕

黔穿断城以板桥 备城门

黔通令

而出佻且比 上仝

佻与挑同，即挑战。

以为羊黔 备梯

羊应为干。黔通岑，即岸崖岑，高岸也。

强弩之技机藉之 上仝

救機，藉之，藉言直藉，言在弩弓之下也。

備臨以連弩之車 上今

舊本備下有筴字，王闓運改作高，是矣。

用弩無數，出人六十枚，用小矢無留 上今

人乃入之譌，謂長矢係繳，用以出入者，計六十枚，出入發矢，入謂磨鹿卷收矢也，小矢射出則不收，故曰無留。

遂具寇

具寇乃古語詞。

恐為身薑 備梯

菑即災也

亓廣，發隊 上今

其廣充隊

灰康長王竇 備穴

言灰康長与竇奇材

為之戶及閔篇 獨順得■待来行其事 上同

順通巡

軸向兩端廣大，以圍犯之，融其兩端以束輪 備蛾傅

圍即圍，融通融，

移中中案擇急而奚之 迎敵祠

中即簿書，擇者為擇

役司馬射自右 迎敵祠

役即役，即及

女子為梯末之旗

姊即姊妹

重質不君 慨湛

此重質或指他國之为質者，又疑質当读为

宝

法人之多有貞 上仝

貞者也

置铁錣於道上之分 上仝

以令鑵字

祝敵之居曲 辨令

居者枕之部曲

大將使使人行守 上仝

使使人以使吏人

官吏豪傑与计堅守者十人

言官吏豪傑与計謀堅固請守者十人。

吾日官為上嘉賊而安不在將侵陷人者一 上令

一謂一次、言五日官為上羨嘉賊而安不莊將

侵傷人者一次也

出以執覺

覓見以候覺之首

守侍証 上令

命侍侯、謂命侍近備役之事

收粟米布帛錢金 令平

收爲作牧宗本作收

舍了及就 上令

言了之事而及至也

多執敎少 襍字

少賞双声，並一審母字，少去之為賞，

必在林以御禦之，曰不足則以木椊之上今

在作廣，宜使作樴。椊在語作敎，敎迫也。亡

在林之物不足則以木設迫之，以加石子其下，以御禦於

射妻華三烽 一莖

妻齊古通 射齊江齊射

○〔按〕古音凡同音者皆可通假，如支語、枝梧；雲雲

丁丁、鈴鐺；黄黄、廣廣、横横；壽壽是，此為語言演進之自然

要求。有时不必互相轉訓其意也可，如匍匍，膜膜，

臙臙，其義不一定皆同，以音近而通假之，如顆頤之

之于顆計，計与頤義异而音近，是其例。今後治古文亦

當援此規律而求之，不必互爲特訓而生疑隱之惑。

○藝林伐山卷九 龍生九子有椒圖，形■似螺螄，性好閉，故立於門上。詞曲門迎駟馬車，户列八椒圖。〻〻見菽園雜記。○又按尸子云，法螺蚌而閉户。後漢書禮儀志，殷以水德王，故以螺着門户，則椒圖之似螺形信矣。

○又卷十 唐梯追人，唐梯今之高竿戲，追猶追逐，今劇戲人，易牛馬首。

又亞走擧案以盤也

○街上有賣餳者，一名佚翅白，一名紫勝，紫勝尚尤貴之。又有紫勝帶點。

○今傳毛宗崗評三國志，實爲毛之父評本，見新刻本自叙、叙中並云、宗尚兜偶有新意、亦以未入云云。

○艺林伐山卷七、杜甫詩、子規夜啼山竹裂、王母晝下雲旗翻。又按夫子鶴歌曰：逆毛鶴兮一身九尾長兮，只言九尾、不言九頭。又韓愈詩、飛黃騰踏去、不復顧蟾蜍、影略按圖索驥事。

又漢靈帝修南宮、鑄天祿蝦蟆、轉水入宮、又作翻車渴烏灑路。……天祿之形、漢人多刻石肖之於墓古詩、所謂天祿辟邪眠莓苔也。一角為天祿、兩角為辟邪。

庾信哀江南賦、地平魚齒、城危獸角。見左傳魚齒山名。呂氏：猶獸以角為球

卷八 左个即今之捲篷

金陵门、曹長安西門名也

又社南社北見韋述開元譜

又謂防條：慎子曰：治水者，茨防決塞，雖在夷狄，

相似如一，學之於水，不學之於禹也。茨防，即今黃河之

埽也。

又扆滿，扆通幄

卷七十三

麥般在陸 陸，如莊子陸沈之陸。

率更，率更說文作衛，將衛也，有縱，率，音占

帥由，率將衛也，更，番互也。

又釋毯 罽青頓毾毿 毿羊羖

緸巾，俗作綸巾，又音縕，宜可混用。

又束皙說流觴之事始於周公營洛所制，引逸

詩曰：羽翮隨流波

杜詩薰風殿若時，今本作春風非。

又蔡中郎以芨吾為蝦蟆，淮南子以蜥為蠑螈，詩義以蚙為螻蛄，高誘以乾鵲為蟪蛄，諸謬何啻千里。

曹子桓丕之字採庶子之春華，忘家丞之秋實，庶子劉楨，家丞邢顒也。

唐鄭嵎詩春遊雞鹿塞，家在鷓鴣天，○詞名鷓鴣天本此。

卷二十

朝天紫本蜀牡丹花名，今以紫作子非也。

卷十八東丹王投中國，宣和畫譜有其畫目。

又數並作類

又白字异训，亦皆普通语。
陸機文賦清麗千眠，即芊綿
又睽記字義，無甚可取處。他也停推一合十，以一貫三
之說
兩樹交蔭曰樾。[illegible]俞樾云：「精神篇
曰：『當此之時，得茠越下，則脫然而喜矣』，注曰：『楚人樹上大
本小如車蓋狀爲越，言多陰也。越讀無越之越也』」。此注
得之，越，樾古同。
後溺於馮 當青好馮河之馮。……下文靜居則[illegible]
溺，漥澤則馮，又自解後溺於馮一句。
荀子，解果其冠狹隘也。左思魏都賦風俗韰倮
為嫿、說苑，淳于髡言祠田者宜禾，污邪者百車，

蠏螺，高地也，今本作佢僂。

楊慎笑晚唐詩人無何造性，賴學浪仙精賈島，所謂吟成五箇字，撚斷數莖鬚，今不讀書，撚斷肋肢骨，亦何益哉。又謂李賀、孟郊、李義山、杜牧之，温庭筠、權德輿，不得以晚唐目之也。

楊大年詩：書題柱是藏三尺，壺矢誰同賽百嬌。

矯因梟。表異錄：神異經東黃公与玉女投壺千二百矯，矯音嬌。凡矢躍出也

嗅咻之，即呕喻，又作煦愉，如母之於孩，以口撫之也。

呵与何通

治古音遲

六嵓通計

楊慎賴学蘇軾，二人都逞意才華，不夠踏实。

楊毅似又出于自然。

○廉石居藏書記内編：

右題太上黃庭内景玉經、太上黃庭外景玉經，各一卷，梁邱子注。前有梁邱子叙。五藏六腑圖說一卷，注云：按此圖說係唐胡愔撰，附梓以備參攷。……新唐志有白履忠黃庭内景經，注云：卷亡。又有女子胡愔黃庭内景圖一卷亡。可證胡愔為女子。我猜想可能是女道士■。這是中國古代女科学家。

○李太白詩文集繆武子刻本並是大本，木瀆本並是西復繆本。

○廉石居記：右李翰林别集十卷，明正德間吳郡袁翼所刊，後有跋，稱重刻淳熙本，即樂史所編。

前編有樂史序。假藏吾友王國博芑孫家，據四庫

書目提要云，樂史所編罕見，蓋時此本未出也。

〇半氈齋題跋卷下云：北海淳于長夏君碑，明成

化嘉靖再經翻刻，又九歌石刻與草書千文同時出

土，在保定汪氏。[按]惟碑元石已重刻，張植龍亦有傳刻。

〇尚書攷異序云：唐傳仁均僧一行至以偽允征五子

歌詞李辯歷法……至宋吳氏棫及朱晦菴始覺其非真

〇兩漢特聞：秦文公獲若石云……祠之，其神……來也常

以夜，光輝若流星，從東方來，集于祠城，若雄雉，其声殷殷

云，野雞夜鳴，以一牢祠之，名陳宝祠。臣瓚曰陳倉縣有

宝夫人祠，或一歲二歲與葉君合，葉君神來時，天為之殷

殷雷声，雉為之雊。[按]漢行宮，用紫泥為壇，天神

肝色紫，疑荔林曰：質為石，色似肝，乃脫一色字。

前梁郊祠歌所謂紫壇，催南洪宝找術一皆与此有関。

古陶文節作𥳑
古陶文膂从呂古陶文
非从小篆作膂許氏
背呂也从𦍌从肉
即脊字之古文

下者佩火，漢書所謂神光之錯於鷹鸓之多也，舜女三百
人。其用紫泥為壇，恐即荔林所謂質為石，似肝，此即
所謂壇神是也，非壇名之壇。鮮敬前桂林巫覡猶奉
壇神，其神為石，有凹有凸二種。○公議之以治病，李
治古今黃主中所云某婦患熱，因易石冷之不減，某婦
患寒，日以石從之如故，昂所謂石者即壇神也。巫稱
此神為泰山洪宝。○秦所謂陳宝祠，陳乃地名，实昂
宝祠之謂，漢所謂宝夫人祠，即秦之陳宝祠。尔即
後世所謂泰山洪宝之壇神是也。葉君不詳，待考。
○素問云背胳焉云，胳膂同，膂自侍手膀胱，故
背█胳筋痛。「瘦」呂象脊骨形，亦作脊，不得作膂，
背█膂筋痛，情況与實際不合。叐以正鳴蟙亦存古字。

○無名代古陶拓本有一品：

我以為可能是私量二字，未知是否？倘若是的話，便可證當時有私量公量之分。可惜祗一品，如拓片能多有，即可定之。

○舊說散盤最後一行上半磨滅，余雖未見原器，曾細審拓本，似無磨滅痕，當即如此格式也。以上皆為講田器之銘文，下為說到制器之事，所以另起一行。

○抱殘守闕齋拓諸葛孔明兵法云云見朱子全書。詞意平淡，恐係後人偽作者。

○夏小正 正月雉震鴝

〔傳〕震也者鳴也，呴也者鼓其翼也。正月必雷，雷不必聞，雉為必聞之。何以謂之？雷則雉震呴，相识以雷。

〔箋〕雉為野雉也，雊為雉，震為雷，正月必雷，雷不必聞，惟雉聞之。蓋立春後二陽在下震動於地中，雉為積陰，陽氣已破其積而震動之。故雷在地中，雉必聞之，聞雷而驚，驚以鼓翼也。著先鳴而必鼓翼者，鷄積陽，故日出而鳴，先鼓翼；雉積陰，故雷震而鳴，後鼓翼。

傳是戴德做的，箋是同治期間沈秉成作的，似乎都是就字面來解釋的。

揚雄校獵賦云：羣■車■靴揚，武騎聿皇，蹈
飛豹，追天寶，出駍聲，擊流光，埜盡山窮，囊括
其雌雄。 師古曰：四千車，羣羣之車也。應劭曰：天寶，陳
寶也。雞頭而人身。如淳曰：陳寶神來時，駍然有聲，又有
光耀也。應劭曰：下時，窮極山川天地之間，然後得其雌雄
也。師古曰：雄在陳倉，雌在南陽也。故云野盡山窮也。
西南夷傳九十六，前漢王褒傳：越嶲郡青蛉縣
禺同山，有碧雞金馬，光景出見。○方士言益州有金馬
碧雞之神寶，可祭祀致也。宣帝使褒往祀焉。褒於道
病死。■司馬遷所謂的光景四人雖陳寶，剡宣帝時
方士還在宣揚，但■已不如以前之盛，所以揚雄賦中竟
可以囊括其雌雄。其所謂駍然流光者，不過借以過去

陳宏的顯赫歷史，以逞肆詞藻而已。並沒有神聖的意思，這祇是形容野獵而已。

又艺林伐山有包山無三斑条：包山舊無三斑，謂蛇，虎，雉也。侯景之乱，乃有蛇虎。○或問雉亦文鳥何以与虎、蛇為伍，曰雉与蛇交，有雌之地，必有蛇也。

這個傳說不知何所據。但可以解釋我前所不明的葉君的問題。又肯定是非龍莫屬。葉君必是龍蛇之神，因為他某時声殷殷雷震，雉為之雊，陳宏是雄是雌，有時弄不清，但这句直指陳倉宝夫人祠，当是雌，而葉君為雄。新序有葉公子高好龍，恐怕就是不祭葉君的國用來諷刺奉祀葉君的，因此転奉祠必以蛇代龍，所以流傳他國，以為笑談者。又葉

秦會要注釋附録有攷葉陽即涇陽君即公子悝竹書三十四年秦作陳寶祠

与葉通。葉當即為媟之古字，狎也。葉君恐亦含有狎媟之意，這也可能是望文生意。又秦有葉陽之姓，不知和这亦有瓜葛否？

總之，孔子所謂时哉时哉，是意味到春天和生命的關係，秦的這種奉祀，也不外是一種生命的象徵。龍之震是代表春天的，雉之啼是代表生殖的。所以司馬遷說光景動人惟陳寶。

又俗輒以蛇作鷄鳴。

又古寶字不从貝从宀缶，是獻玉於神以為寶，到漢代存問於並附璆玕一璧以通精誠，是從通問天神轉為人事的證據。所以寶就是玉，就是山之精，後世巫覡以石為之。泰山石敢當，都是一脈相傳的崇拜，貴州在家堂的柱礎下，都供黑虎玄坛，簡名之為坛神，又因為[塗黑]宋姓趙的関係，所以說，供的是趙元帥，第猶在唐，老子姓李之意。

又周穆王时李八百歸豐都陽真君，廣周蒙山及宋張伯端得觀豐都陽真人，這恐怕和豐都坛也大有関係。

又舊傳紫姑是廁神，蘇東坡曾有子姑神記，何媚事，但在此前亦有之，何媚故託於紫姑者。加上一個紫姑什麼的有名記

我小时讀史記讀到陳宝就不曉得到底是什麼神，後来看名家論說，也沒有說到。現在才摸到边際，心中十分高興。因為多年的迷居然可以解答了。

長洲沈銘鳳蘋漁及小石經傳集解卷第一雉震响下

注云：呴依字作雊，鴻範五行傳：正月雷微動而雉雊。

○漢劉安墓出土鐵玉具劍、金環鐵刀，

漢出土鐵戟、鐵矛，戟形制如下

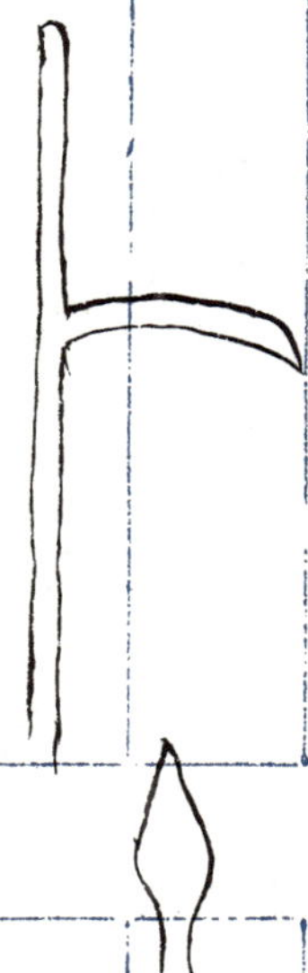

漢出土佚泉上有五十字樣

漢漆器以飛鴻、麋鹿、魅虎、羽人、云氣圖案為特徵，這都和中國傳統的方士苦分不開的，後受外來影響。懷安出土漆器有云中奔鹿三頭，極為生動。

廣州出土圖案有

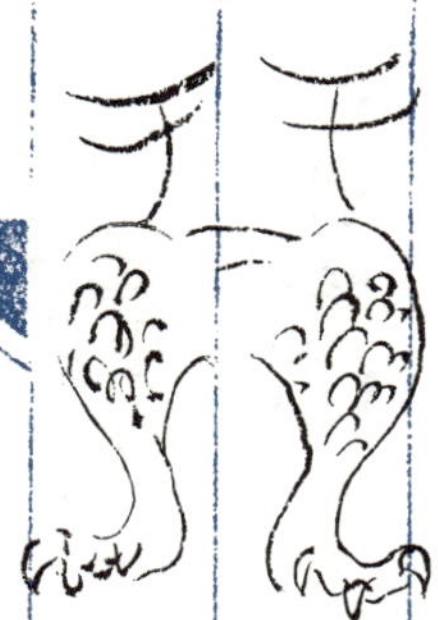

此图(安木堪少见

新疆出土绣香囊

長沙出土十六桨大船

河南襄邑(睢县)出锦

河南南陽(宛)出铁器

山東亢父(鱼台县西北[東])出秫布

呼和浩特出土日晷

○晚期羅盤是从古代栻盘的地盘发展出来的，

漢地的地盘列二十八宿八干十二支共二十四方向，中间

加的图天盘。

○北魏(三八六—五三四)河北景县封魔奴墓出土

翠绿釉琉璃陶杯、玻璃盌二。青釉盘口唾盂一

同式陶瓷，南北朝系青瓷，均有发现；又有大青釉莲花尊，这无疑是受佛教影响。

○汉平城煤建城（高安）煤高奴石油（宜丰）临邛火井

延寿石油

○唐易县出土唐代铁马全套

咸通九年金刚经印本　敦煌

乾符四年历书　〃〃

中和二年历书　〃〃

○还字金文作[illegible]从人从○从辶止会意字是循还往复之意，最古当即以○为字，后以人表之耳。

窃在外面作〃[illegible]亦作〃[illegible]作〃[illegible]古币文或省作〃衣、兮、衣。我以为化字，也是从这种古文蜕化来的。

祇取「睘」字的兩边𠆢，而制成。

今文「還」字作：睘 睘 睘 睘，化即還字之省文，化質為一字，睘字較後，与較前之備乃是一字甚■明。化由亻即𠆢变来，下止成為亣，後由四与亣譌為貝。由此可知：○ 睘 圜 貝 睘 化 備 化 从 都是一字弟亂而來。由此可知：太公立九府圜法，即九府債法也。

○芋说文曰：大葉實根駭人，故謂之芋。徐鍇曰：芋猶吁，吁驚辭也，故曰駭人，齊人謂之莒。孝經援神契謂之莒芋，廣雅謂之渠芋。葉謂之蔌。從徐鍇的说法中可知莒芋是古代連文，這是古代多音字一词，莒芋是一詞吁是語尾，原無意義，寫出時，就僅作莒。莒是會意字、呂即𠨍、即从節字、芧根實如呂、故名莒、後來漢音轉為呒、遂另製芧字代莒、莒字之本義遂失。芧字是从音切製成的、从這些字可看出漢字的兩種趨向來、一種就是古代有多音字、(或讀出)有音尾、如梁文之父就是一例。而由於書寫以一字一詞為主、反對合文、(如漢嘉易是同律梵作合文)於是後來都以單音字(表示一字一義)、這是一種趨勢。另外就是注音字越來越多、象形會意越來越被注音字所代替、从莒芧一字的遞變、也可以看出來。

○古丰字恐是从鳳省[illegible]、契文、金文作[illegible][illegible][illegible]、[illegible]豆、都是形聲字、[illegible]乃鳳之倒文。

○唐郭橐駝種樹書有正月接諸般花果樹。二月接桃李梅棗柑橘梨柿。三月接梅杏 十月接花果

十有壓果樹

又云：牡丹千葉者蜀人歸為京花，謂洛陽種也。單葉者只恐為川花，又曰山花，又曰山丹。從這可知牡丹恐是從山丹培養出的新種。山丹北方山上多有，東北野山中也有。

又有茄根接牡丹法。茄為草本，牡丹為木本，未經實驗，不知行不行。

又碧色花五色，皆可染。

又有染菊花黃白二色法。

桃樹接李枝，則紅而甘。

柿樹接桃枝，則成金桃。

李樹接桃枝，則生桃李。

又有張約齋種花法，即接種法。

又附農桑撮要有插接、劈刀接、靨接、搭接、換接、壓接。

○元俞宗本種樹書叙曰：董子繁露曰言，陰陽之氣澹之，常漸人者，若水之者漸魚也。特水可見，氣不可見耳。人常是澹之之中，殽天地之化，天有兩和以成二中，生于仲春，成于仲秋，是也。

洪範五行家言，木氣上為雨，故種樹又可以救熯旱。

凡木早晚以水沃其上，以喞筒喞水其上

○順插為柳，倒插為楊，這說法已很久遠，實則無稽之談。我小時就聽見這種說法，我曾親驗之，決無■其事。此所謂楊即垂柳，即楊廣所賜之姓者。垂柳與曲柳都別為一種。

○檇李即嘉興，以產檇李得名。

○升庵全集載楊子謂：納之大麓，烈風雷雨弗迷。大麓應作大祿萬機解。這也是用後世人的眼光去看古代人。遠古的人，似在深山大林麓，遇到烈風雷雨而弗迷，確是非凡之舉。而且聖人歷經諸試，是中外古今都有的說法，即孔子不也有在陳和陽貨的事情嗎，這也是「試」。

○出土「韓產私印」，韓作𩏑，从干不从韋。可证古韓幹不分。漢井幹亦作井韓。

○吳大澂釋散氏盤「雁莫」曰：疑即邛都靡莫。按散盤原文為「來道以西，至于雁莫眉井邑田」。靡莫乃雁声字，亦可作莫眉，這說法亦有可能。待考。

○中國古代方技都是有特技的。後來的儼陳摶必是也能治水，所以皇帝要找他開河。道家因為要和釋家爭，所以也尚玄虛，把原來的技術都拋棄掉了，所以越來越沒落。祇好坐在錢孔裏逍遙，自稱一百二十歲，等著人家香銅板。

○子不語怪力亂神，這是很了不起的進步，孔子雖然極力粉飾三代的歷史，尤其把先王理想化，是反歷史的，但他的作用（在這一點上比墨子強）都有積極的意義。用人來教育人。

○一九五四熱河興隆縣出土戰國時代生產工具鋤、鐮、斧等鐵範數種。陳列時所見。

○據馮承鈞景教碑考，祆教、摩尼、景教為三種不同的宗教。

○郭氏種樹書云：棘能辟霜，花果以棘圍之即茂。齊民要術云：以大繩拄禾中露水，可避霜。科学杂志上說哥行，对在橡有害。

◎俞氏書云：二月上旬，取果木好直枝如大姆指大，長五寸許，納芋魁中種之，或大蔓菁根亦可，用勝種核者，種核三四年乃如此大耳。应该加以實驗，桃杏皆可插條，此法或更勝之。

○比 匕 吕 徙當為一字演化。綣 綣 瓩 瓩當為一字演化。月 月 𠂊（董氏所書之）當為一字之演化，個 宵當為一字之演化，皆可見其由象形走向形聲遞嬗之迹。這是漢文發展的傾向和規律。

○騈枝謂 ψ 𥝌 假為秋，通攸盈，第一期為秋之假字，第二期藴起而代之，遂失其義。

匚即祊，𠓛即祫，叔即塞，㗊即礿，東借為臘，粹篇八四五，其東乃⿱雨無，⿱雨無字未詳。

又殷代紀時，由一月至六月為萅，由七月至十二月為秋。

○古文補附錄匕七方，恐皆𢒼之省文。又𠂤吕亦攻字。𢼄郭老釋攻，甚是。𠂤亦為攻字。（或為畢字之別）毌毌甶甶甶甶𤰔都是翌呈字。甶即抽字。𢆉即民字。

ㄅ皿即■（⿱畾皿）之異文，下从皿。錫錫為一字，不得釋為二字。

○說文帛青色，或作綠，又釋者帛作青黃色也。可證單言帛即作白色。所以白𠂤即帛之省文，借以為伯為百。

◎于省吾駢枝初編釋卞卮以𠀠為卮。我很疑

此字釋為宝字之初文，即升厂所謂了之倒文。宝不从告得声，而从此字。[illegible][illegible][illegible]都不从告，此即宝之古文，即泰山碧霞宝之宝。後从貝遂有宝貨之義。陽字恐是先从[illegible]後与纠混，以易為声，遂失初形。[illegible]字原误，此九四條删。

[illegible] 後期省[illegible]。金文加手旁為[illegible]，即拜字，契文中有[illegible]，當即拜字也。

心包是陽字初文，象形。日[illegible][illegible]有[illegible]字，父辛卣有[illegible]字，還和契文一脈相承。契文易亦作[illegible]、[illegible]，金文亦如此作。古璽文有陽字作：[illegible][illegible][illegible][illegible][illegible]亦有倒作者。我認為可能[illegible]即古易陽字，後從日，[illegible]是它的環節。[illegible]而[illegible]而[illegible]。易收有中易南易北易。下易或者是指地而言，此字是从[illegible]形發展成為[illegible]的。附记在这里，俟考。余前以丁[illegible]目影亦是。（後与纠混。）

于釋奉泉條：「奉貴古今字」，桂孫貽讓劉心源說甚是。我以為[illegible]即古噴字，上象形，下从本音。穀梁傳僖十年：「覆酒於地，而地賁」。朱駿声謂借賁為濆，黃通濆，沸起也。則奉泉即噴泉。不知对不？奉以假為奔，乃失原義，遂另制噴字。奉即拜字所从出。

古玉璜亦象虹

于釋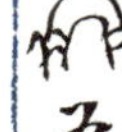為虹極是。我在黔並親見虹飲於河之象。東北通稱虹為杠，並説不可以手指，詩之遺説猶存焉。蝃蝀疑該即為虹字。梁杠即古橋也，橋為后起字，而舡即古舟字，船為后起字。于言工声後有形義不可據。

我頗疑古檔補附錄中是翌昱字。于釋古刀形，實不類。葉玉森謂是蟲翼膜之象。我以為即蟬之翼，即友字的中間部分，多举一翼，而略及另半边。其作是形声字，从日从立皆翼聲。後金文譌作等形，就更不容易認識了。

○又古檔補戉舊釋戎甚是从終聲。又即抑字。即郭字。

契文从高字偁六爾武亯作[古文][古文][古文]金文有[古文][古文][古文]吳大澂疑即鎬京之鎬，而不得其解，蓋不識[古文]字（甚）為何字也。按此即高字，非[墨塊]旁，旁上从口下从方，此下作方，[墨塊]乃刀之形譌。

又[古文]即壯字（即將），貜季子盤作[古文]當是一字。[古文]即柰字。

[古文]即子字，[古文]即車字，[古文]即貞字，[古文]即雷字。

[古文]即奉字，[古文]即析字。[古文]即[墨塊]頤字，从臣声，[古文]即塩

（塩音古，見方言，古塩古讀如過）

字古封賁拜奔是一字，亦可证古無四声。

〇日知錄十七武班碑云：具長同歲犍為屬國趙臺

公晉書陶侃傳，侃與陳敏同郡，又同歲舉吏，其云同舉蓋即今之同年也。

又云：鄭氏詩采薇箋曰：今薇生矣，先輩可以行

也，是亦後宋人語。

又駁謝氏說，用心於內，近世禪學之說耳。……陸氏因之，

所有朱子，其於集註中，去此一條。

又愚按心不待傳也，天地間貫徹古今而無不同者理也。理具於吾心，而驗於事物，心者所以統宗此理而別白其是非。

又讀書条：金椎＝金槌＝椎輪。傳檀王＝槫檀＝槫壇。金根車＝金銀車，愈失愈遠。

○咸丰汪元慎講求图学，有紫荊山潯二图，又欲作藤峡图，而以廣西全省形勝附後。

○又孙子兵法料敵篇与墨子有相合者，於一軍之中必有寬貴之士等。

日知录二十言以甲子名岁自王莽始，三国时乃大行。

又太祖实录，自吴元年以前，皆书干支，不合古法，

太祖当时，实奉小明王之号，故有言当纪龙凤者。

又京注文徵明以屈原庚寅年生为非，

又记夜别用星，诗之三星在天，三星在隅，三星在户。這绍对，我小时还以三星定时：三星响午，三星平梁，三星斜了，三星落了廿廿。

又卜筮正以为十时，淮南十五时。

又素问有言年甲子言岁时者，皆汉人伪撰入之也。杨慎曰：此又抑古书以从己说，未免陋也。

又年月朔日子，子非时。

颜氏尚不知旁生魄哉生明之文是假造的。

又漢時郡列侯于其國中亦可稱元年。

又史家变乱年號当自隋始。

又沈既濟駁吴兢史議，謂当并天后于孝和紀

又云：老翁踰牆走，老婦出门看，則無韻矣。

又古辭紫騮馬歌中有舂穀持作飯，採葵持作羹，二句無韻

又二十一字之義自秦而至全漢始顯。

又指說文之失。

○秦牛田、水運、粮、直道、大遷徒、鼓冶。顧炎武認秦皇所有取處，所以有人說，顧氏實兼申韓之學。

○卷二十四越語句踐身親為夫差前馬……淮南子云

為吳兵先馬走 原注云作吳王

……亦有稱馬洗者，六韜賞及牛豎馬洗廄養之徒。漢書百官表太子太傅少傅屬官有先馬。張晏曰先馬員十六人，秩比謁者，先或作洗。又考周禮齊右職云凡有牲事則前馬……于省吾釋契文先馬，在這裏也可得到佐證。又「太史公牛馬走」是自比於牛豎馬洗廄養之徒的意思，由此也可以得証。請末還有「前頂馬後跟隨」的話。于釋王先从，先同銑，似不可據。先可能雖假作洗。總之，吾說是個名詞，即王之先从，而不是形容詞。

二十四：漢初人對人多稱臣，乃戰國之餘習。

又上下通稱〔按〕墨子民居亦稱宮室

又李固出獄，京市里皆稱萬歲。萬歲不獨稱天子。

二十七楊氏曰：古人注書之體，本就書注書，不為駁雜，小頗
云，詆訶言辭，摘撥利敲叩病，乃數矛循之仇讎，非復粉澤
之光澤。顔氏所取正所詞也。而楊之与顔，多所抵訶，何耶。
二十七朱注論語褳瑚倒置，承舊注之失。
陸賈傳：生謝陸生，生者魏也。
貨殖傳（解）：專吏久久更寓」，甚是。
太史公自序申呂肖矣。削肖乃削字之誤。梁
氏注云嚴九能曰方言肖趙皆言小。
又戊己校尉即中央校尉，直听天子指揮
又繫姓條：王士禎分甘餘話亦謂青婁。左傳
四年殷民七族繁氏。
又寓偶古同字，新習書以假菓為寓，恐怕是

从李奇的解釋。

廣陵王胥傳，女須注曰，孝武帝下我，言孝武帝憑降其身而言。

箭，張禁，酒，趙放，長安宿豪大猾，孤偾之君，偾为左傳張脈偾興之偾。

匈奴称中國為秦人，（漢）外人仍称我為秦人。

趙李相經过，李為李平，非李夫人。駁文選注。

杜子美行次昭陵诗，威定虎狼都，乃用秦本紀贊據狼弧，蹈參伐，參為白帝，秦之分星也。

又往者災猶降，蒼生喘未蘇，謂武韦之禍，指麾安率土，荡滌撫洪爐，謂元宗再造唐室也。

殘杯与冷炙，亦見顏氏家训。

大雲寺贊公房詩，析析因多狗，見韓非子外儲說。

晚行口號：遠愧梁江總，還家尚黑頭。子美自傷已白頭，而嫌罵人。

胡舞白題斜，白題是國名，此假為白額。

杜詩：弟子貧原憲，諸生老伏虔，伏名勝，非虔。

曾驚陶侃胡奴異，蓋謂士行有胡奴可比阿段。胡奴，侃子範小字，非奴也。原注 又如兜率寺何處好不忘，李邕固容見，葉少蘊避暑錄話。

三顧頻煩天下計。原注 唯黃權山濤二傳作煩，是後人減筆書爾。錢氏曰漢時通用，非減筆。

又通鑑注條言出師表甚是。

三十。昭二十一年日食，公問於梓慎曰：是何物也，禍福何為？對曰：二至二分，日有食之，不為災。日月之行也，分同道也，至相過也。其他月則為災。非也。夫日月之在天，莫非一定之教。這是古代大科學家的無度。偽春秋果經过之手筆，則是子亦必同其說。觀氏則作折中之論，以疇人之術為不可僭，以又言漢書裡支子之言，將與天道，不可得聞。而又以仲舒交儀為子孝大戒。

又釋戰國時有騶騎，並有單騎，〔按〕以案左中先馬為前導馬，則導馬亦必為單騎無疑。洗馬所謂須馬，也是前導馬的音訛為須。

又三十二 訛謬偽古皆音訛。

亭林先生極為嚴謹虛心，是其長處，較之升庵為扎實。其中也有許多不切實的論點，為对同姓的限制等，但他的許多理想，為付諸實踐，在實踐中還会得到修正的。我想也用顏氏的說法，不必曲予迴護，但我這也是實事求是的說法。

○傅青主釋窩囊（全集卷廿六）：言其不離窩，無冒遠大之志也，囊言其有囊橐包包裹裹，無丈夫取捨之度也。實在是歇後語。窩囊、百葉、燈籠、吊子都是肺的別名，窩囊即廢物的隱語。又心肺肝腸北方叫做下水。心肺叫作吊子，肺缺心叫半吊子，北方罵人為半吊子，即少心沒肺的隱語。

青主謂歐陽子方夜讀書，別傳謂字子方。

霜紅龕全集卷二十七解包孝甫笑比河清不惟自嚴而愛人以從々意寓於中。解得好，但原文恐是以包極細少矣，有為河清之難見也。此恐解夫子自道也。

漢貨殖志金銀銅連錫　李奇曰連鉛錫之名也。師古曰：鏈，銅屬也。吾謂連音近鉛，恐是錫之名有。〔按〕今北方[illegible]以鉛為元，當即連也。

又鐱，音本同條。

霜紅龕卷三十二朏音斐，滂佩切，朏字於廣韻支聲也，又作朏。

琁樹　琁本璿字，音如旋。說文琁字注瓊或从旋。

隨形篇指為脂之訛。

桀蘡度法 音約 傅山曰：約音又切。

段千木晉國之大駔也。注：驕怛一曰：布儈也。音膾。傅山曰：不作子朗切讀，聲每兩可轉而通之。

三十八卷与曹秋岳書 七十四歲 男臣部騐今牵枚免復臥板鼻歸。想見其為人。

卷四十 老僧衣社疏附記。然述鄉三召，後逮死侍者九返。

不為太常住南四十餘里為馬嶭 一路往馱煤道不獻 泌深累也。一路往馱煤道。別考時煤已大閑矣。此附記為一紙狀小品。

卷十五 歸之市井腥羶之手是撰筱傳

又称趙孟頫董香光為匯類 痛快痛快！

閒過元仲可想見其為人。亦可見明遺民士大夫的生活。

十五卷日於一待取篇略不可少。

犁娃從石生序方心皆足見先生之志。

看欽氏書、知道他用功勤、根柢就踏實。和楊升丁

蘇東坡憑心仗才力不可比。才力是不可靠的、工力可靠。傳

山趣入二氏，是其缺點。但足見其人，亦是真人益善。

于謙祠即在東單附近。西裱背胡同

發而眉仁：「遠化終期盡，孤情死未休。奇文欲整楚，

發風撒汝些麻。」……又：「乞食真負亮，載討不向陶。」

水心先生文集

葉適擬度二十年想恢復中國而未被大用，貧困

老死。他所說的都切中時弊，而後人多稱其文，可是专

怪。他尤其萬注循，並对運江撂伽峡的流潛，对铁钱纷纷更换，反对以實物交换，都是針對时弊，切實可行的。大凡有作為的人，首先必反对空言浮語。葉水心、顧亭林、黄南雷都是這樣的人。

卷二十七上西府書：自唐末五代之禍，天下生死於兵革，藝祖因人心之患苦，削而捐之。其後太宗下太原，可以定燕代而不果；真宗幸澶淵，可以破契丹而不聽，反默然以幣帛賜金，自誓不校，以從服之至；於仁宗遂寄以優兵不待，持守天下。當时元老大臣以和親避狄為上策，學士大夫以因循苟簡為正論，把禦戎之說，戒子木之詐，晏然自以為仁義之勳，莫能易也。

〇沉鱼落雁与庄子曰解背匙

〇唐段成式酉阳杂俎记魌头有「苏」、「狂阻」、「觸壤」。

晋语狂夫且、韦昭解狂夫谓是方相之士，说本周礼。诗郑风山有扶苏，不见子都，乃见狂且。孙楷第以为狂夫阻即狂且俚语有傻急，很对。但不知狂且为何物，又与「苏」等参。按此即朝鲜之苏涂也。狂且、觸壤、苏、苏涂是一物，苏涂之都立在十字路上，形以说。不见子都，乃见狂且，乃沿路而望之也。解放前中國喪事還有陰路神，求路鬼，方相（即古之），船為死是開路者之謂。指弟陰向的道路是方向（相）。指弟陽向的道路是萬達。原來表示彝鮑老。要和尚，胡公孔，其是道信也。原來名の川之將軍前，也也之路標，其實是達也（即萬達之）。此則陰陽路隔，各不相侔，實則古時則一物而二用者。朝鮮之萬達即一男一女偶合絕妙。吾國六朝時流傳之梁祝即一男一女，與朝鮮現存者正合，梁祝者即狂且之音轉。視其名稱讀音亦無甚其義。待將來詳論之。無可見我們和鮮朝的文化淵源，無是聞吸回傳主義之一助也。

○北京語以聲作詞者甚多，如咕嘟，即煮，咕啾即反側，嘀咕即上心下心……比比皆是。

〇「苦竹雜記」記郝懿行夫人王圓照詩說殺刻。尚有可厭，其裡紙即有總角之宴何以又抱布貿絲。其解也未中衷。抱布貿絲，蓋遮人耳目，如陳三之磨鏡故事，

〇苦竹以竹頭木屑、饕餮其書趣，欲蓋其貧薄，也是取巧一路，不肯下死工夫認真幹活者。此是板上釘釘，任何人想取巧，總是不行，必下幾十年工夫而後可。南雷以父本身即道，故能實。形謂「文章經國之大業」是也。

〇匡謬正俗引王延壽靈光殿賦裡東西之西有先音，此即今之北音也。又卷六解什善極佳。

〇緬甸女未婚髻猶是書道家裝。

〇升菴全集卷六十八，引墨子曰：「吳起之裂，西施之沉，其美也」。後檢脩文御覽引吳越春秋逸篇云：「吳亡後

坚瓠丁集卷三
西施一名夷光
越之美女歟

見者先輸金錢
一文見孟子……吳
注疏
越春秋云吳亡西
子被殺。墨子云
越破吳沈西施
于江……丹鉛總
錄、修文御覽引
吳越春秋逸篇
云……」

越浮西施于水，令隨夷鴟以終。」子胥死盛以鴟夷，
今沈西施，所以報子胥之忠也。范蠡去越，亦號鴟夷子。
杜牧未细攷，遂有「西子一舸逐鴟夷」之句，後妄遂附會之。
范蠡不幸遇杜牧，受诬千載。升菴此解極是。
○一九五六年四月廿六日光明日報史学谢再善駁歷史研
究（？）以蒙古尚黑為非。蒙古實尚青（庫克），元為青
之意義譯。此说近是。蒙古原自称大朝，元即大之
另一義，又与易大哉乾元合，又与貞下起元合，又与宋
下有有元合，以是徵上膺天命者。
○毛詩正均四卷，17均分得過于细碎，与西洋論音者
李[?]正為一輒，紐無足取。而对古音攷得也不詳，如發音
癈[?]节部未指出。劉思培諟[?]為衆育合均，而未说

出形以然來。不知道他有什麼根據。按圖圓錢是一字。但尚未找出音轉遞承的關係。

○說文古籀疏証說肱作𠃊，象形。肯亦訛為面的函很對，面和肯是一字。

○元稹劉夢得詩「蕭索」作「潚索」。磊落亦有作「石砢石砢磊」者。

○莊子天下篇論墨子說：不侈於後世，不靡於萬物，不暉於度數，以繩墨自矯而備世之急，古之道術有在於是者，墨翟禽滑釐聞其風而說之。這裏不暉於度數亟可注意，這種術求科學的，必是營造工匠，天文太史，或兵家……才能這樣。這是一點亟可注意的。還有墨子之墨必是以繩墨自矯而備世之急，墨字或規之者。

当寓其遣意焉。這也有工匠意味在裏面，這些地方都含了注意。

「識不必，而原物」，即不以主觀来解釋事物，想当然，而事物原来本是什么就是什么，客觀的存在是什么就是什么。

孟子：「摩頂放踵」，放应是致之误，致即至，即「摩頂至于踵」。

王霸篇：「大有天下，小有一國，必自為之然後可，則勞苦耗顇莫甚焉、……何故必自為之，為之者，役夫之道也，墨子之說也，

可見墨子是主張不勞者不得食的

墨子講「任」，史記所記之任俠為墨之末學。

墨子根本出發點，是「兼以易別」，是主張原始公社制度

兼以易別是他自己說的。許行的活動可以看出，他們是

有了始共产主义的趋势的，他们所生产工具可能是公有的。又说以前生时，时不是到反之时。他对时间也是最强。他主张不浪费工时，也主张提高技术，运用机械。未将加生产。现在的书，只有经是他作的，其它论说都是弟子的笔记，很可以看墨子的主要论点，而结合了其他的论点。如墨之钜子孟胜钜墨子死去不会太远，而与阳城君友，故君乃见符，而孟胜又不能禁止其诛臣之攻，去亦之其术矣。又以阳城君为友，为居，为之死，而弟子死之者又八十三人，墨子曰杀己而利天下者可，所其利也。如此死法，直有损天下且大不利足以夭折墨子，是乃天下之[illegible]也。其悖于墨子之学已甚矣，因襄子则胜益胜一寿，但不能动二墨子，無可見墨者哉，时已入末流，去墨子之谛甚远。以義所為主的墨子宗谈说是墨之末学，而陷墨学于「兼」而■（不易）于「别」矣。孟子宋牼则甚至不别于儒，则其兼爱愈益远，许行之徒，復为孟子所屈，其志不能申，零落以盡。後之任侠之流，与西洋中古騎士■，好出一輒，直出賣性命之武士耳，對整個社会之变革，實無若何之影響。可以這樣说，唯物的成份，越在墨子身上搜尋越多，而在他的門徒身上越来越陷入唯心的泥潭，而終至与儒不分。儒家在董仲舒以後，便兼收並取，来者不拒，而且都把它改成儒家模樣，這也是儒家一大本領。荀卿可能受到墨家一些影響，但因他自成一派，也反映得不多。

（經）買無貴，说在反其賈。（經说）買，刀糴相為賈，刀輕則糴不貴，刀重則糴不賤。王刀無变，糴有变，歲变糴如果变为（经）要宜为傩，说时尽（经说）尽如去，尽去其所以不能傩也，其所以不能者，为能傩，正需也。

[illegible]

非半不斲，则不动，说在端。梁启超以为是物质不可说，虽折之至微，仍在。不知何所据。墨子的意思是说要想斲断（或折）什么，比如木头吧，必得使之更半才算是斲断，要不半之，就无法使斧斤前进。如执（祇）在端上挥斧，不会落少许木屑，如一落木屑，则已半之。斧已前进（则动）。所以说「无知非半，」是不能斲的。即半由于斲，斲又半，非半则不成其为斲。不斲则存其之端，就是其端，则未动也。半就是分，不是二分之一的意思。

同异交得，放有无。（按）放同仿，这是相对论的说法，即無中有有，有中有無，异中有同，同中有异。举例以明之，富家無良怨，有良怨之家反多貧。兎蚤還園，女人視之為吉，女被自身为就也。木鳶用桐木為之，木質堅而折為鳥翼質柔。劍，戈甲，劍可以殺人致死，無可防身得生。戈甲無相放。富子年長未字，毋少而得子，富子各少而質長，毋質少而各長位亦長，故曰長少也。经中「偏勝」則一頭優於佔上風，常勝則但恒勝，絕勝則不相渾，兩絕勝，即二者互相抵，互不相伏，如黑与白，互為反正也。中央，旁也。旁，方通，此中央即彼之旁。中方無方也。理論中的實踐，無理論的實踐，学實即僅從理論中的之而为未付诸實踐，甚或有是無有非。不是完全的實踐。以為安難是容易，實易未也，固一切非合定的。兄弟以為後稀，即相差不多的意思，以从孫兄孫中深源量又裁衣，未适于用。

的意思，即有此种意味，但此已足以争矣，但以[illegible]为偶通二者别又有未通之处，自在志散，形存神忘也。霍为姓是否物的结果，实别有其远因。置耳，为得其平，但实并有发钱之差，即通过交换形式，显示出使用价值与与价值之矛盾也。此系即具体劳动与抽象劳动所标志的劳动的二重性的暗示。我之解[illegible]释不知正确与否，尚待深究。

又此必得相因才能指为石头，是说我与各个条件和他们中间相互的关系。

○新石器时代骨鱼钩。

○西周时铜角器为工艺所未见。

○晋衣物券重文符号作一，按汉秦通作二。

○釜[illegible]般口瓶、马蹄瓶、豆青、茶叶末，都好。

○西周已有青釉。蓝色次瓷亦佳。

○唐三彩瓷画最精。

○長白盃，康熙方鑑，皆極有价值。吳王光鑑内有三環，下為圓形，（有足）無足。（有脚穀為前形見來）底盖

○西安半坡村原始公社陶器尖底瓶，制作甚大。我在龍潭边上見一較少者有一掌長，是近代製，当为一系统。

○葛洪说太史公首傳伯夷叔齊，以其善而無報也。恐怕更要緊的還是年代。又其自傳，溯因思以為（據此）史記以前即有伯夷叔齊的傳記。但傳無作傳說解。

○詩經新正生民履帝武敏歆，于釋為承帝武謀饗，敢履下談或是，但取消其神話部分，大大不可。一個民族的神話是不能否定的，他們都是說的民族起原。

○章氏以偏旁部首為語根，当然不對。但漢以同音即可相假，實有語根之意味，如依拼音文字即語根矣。

〇古文並非每字皆趨繁，亦有趨簡者，因為古文原有美學意味，在一望上，同字多異書，亦是理也。

〇板四章小子蹻蹻，今用憂讉之，俞越後變為優，以優讉為戲讉，無一為憂戚之同假。

〇詩經新證以吾釋衛禦，舉例彊禦亦彊圉，語衛衙，守禦守圉守吾，扞敔扞圉扞圉。

〇詩經新證，引詩柔遠能邇，民勞云克鼎番生毀邇遠能鈦。〔按〕此無可證猱優二字之演化。

〇〔按〕尚書古文攸，僅按正字通云楊慎曰：云古冪字今云字乃冪之省文，泰誓雖刻覓然。楊說非是，覓即埍字，詩以覓作埍，此段為云。

〇古畐疇當為一字，象聯綿不斷，疇即田疇。

○璜、珩、衡为一字通假

○葱〃悤、傯为一字通假

○之、㞢、止、趾為一字通假

○女、如、汝为一字。

○余、餘、除为一字。

○監、臨是一字，临、览是一字，亦可見古音的規律。

○古劍概說記楊慎妻黃峨通詩曲。

○堅瓠三卷蕭山土穀神祠西施。

○堅瓠集二卷義璋弄瓦条下为一少差劉！

○奉、貢、拜為一字。

○攷、造、作是一字，作尒作攸。

○丁、顛、天是一字。

尚書古文攷宦
即事無寄谿

同憙

○劉青園有朴素的唯物思想。

○者与且為韻，諸与祖為韻，詩中之且即詩即之乎，可証音之規律。

○吏史事為一字，吏加一為指示何職，事即吏之或體。

○以和為禾和何是一字，都是象鼻子，及字象也同。

○張横渠謂：凡圜轉之物，動必有机，既謂之机，則動非自外也。……自以地氣乘机右旋于中，故使恒星河漢，因北為南，日月因天隱見，太虚無體，則無以驗其遷動於外也。見正蒙參兩篇。

○能与熊皆為一字，能釋為材，雖遂分剩熊字，古人強說，陸行曰熊，水行曰能。

○石門頌碑文云：楊君厥字孟文，水經注、集古錄、金石錄皆以厥為孟文之名，稱楊厥碑，洪适隸釋认為蜀中楊淮碑亦云楊君厥諱淮，乃知厥為指稱之詞。

攷工記略

考工记略　第九册

攷工記■略

○永元二年中尚方造銅鶴足鐙，重九斤，工宋次等作。

○延光四年二月耿氏作鐙，比二工張襄作。

○建安廿二年四月十三日所市八千五百胏稽福

○延光三年閏月書言府作六石機，郭工鍛，賢令唐守承躬乘鉅史訓主。

○丙午鉤 辛年五月丙午日

張師信印

○河渠書云：韓聞秦之好興事，欲疲之，毋令東伐，乃使水工鄭國間說秦。令鑿涇水，自中山西抵瓠口為渠，並北山，東注洛，三百餘里，欲以溉田。中作而覺，秦欲殺鄭國。鄭國曰：始臣為間，而秦之利也」。秦以為然，卒使就渠，用注填閼之水，溉澤鹵之地四萬餘頃，收皆畝一鍾。於是關中為沃野，無凶年，秦以富強，卒並諸侯，因命曰「鄭國渠」。

○趙州橋，隋趙春設計監造。跨長三十七公尺多。並餘儲為一大拱分兩端各背以兩個小拱。石孔中，物臨視之如初月出雲，長虹飲澗。

○北京地下水道，皆樣子雷設計。

○福建洛陽橋■蔡襄所造也。橋長三百六十五丈七尺，廣一丈五尺，上為南、北、中三亭。蔡襄有記，勒石橋南。■那上面記各尺寸，此記矣，其固定

来衣得采尺、

○蔡襄荔枝谱陈紫、是陈氏所培名品、其树晚登、其实广上而圆下、大可径寸有五分、香气清远、色泽鲜紫、壳薄而平、瓤厚而莹、膜如桃花红、核如丁香母、剥之凝如水精、食消入绛雪、其味之至、不可得而状也。唯为天下第一也。……荔枝水浮陆转、以入京师、外至北戎西夏、其东南舟行新罗日本流求大食之属、莫不爱好、重利以酬之。……唯江家绿为州之第一。

方家红可径二寸、色味俱美。

游家紫出名十年、种自陈紫、实大过之、

小陈紫、亦陈家别居、

宋公荔支，樹極高大，實如陳紫而小，甘
美無異，或云陳紫種出宋氏，世傳其樹已
三百歲，[illegible]舊屬王氏，黄巢兵過，欲斧薪
之，王氏媪抱樹號泣，求與樹偕死，賊憐之，不
伐。宋公名諴，[illegible]年餘八十。

藍家紅泉州為第一。

周家紅。

何家紅出漳州，何氏世為牙校，嘗有郡
將全樹置之。樹在官舍後，將熟，其子日領卒校
十人守其堂房，乃畫樹形，其未熟時，舉家伏
藏。欲即伐去而不忍，今猶存焉。

將軍荔支，五代間有為此官者種之，後

人以其官號其樹，而又其姓名之傳，出福州。

○湖南倪樹鈞石耕山房帖，皆尹騰夫刻石。後皆有湘潭尹騰夫印，四十以後精刻印。孟法師碑銘刻尤佳。所刻虞世南廟堂碑、歐陽詢醴泉銘，皆精妙。

○添快雪堂帖，劉光暘刻。

○隨姚恭公墓志銘，萬文韶刻字。

×○唐瘞琴銘，顏升書

×○唐般若波羅密多心經，題慶二年八月一日莊寧書。按莊寧顏升妻，字請卿，年三十四以娩難卒。

○張岱《陶安夢憶》：中國之大古董，永樂

之大窯器，為報恩塔也。

○顧起元客座贅語：「唐瓦罐寺閣無遮闌，家中有一少年，請昇閣。乃翻身而上，單練髮履膜皮，據桂鳥跂，捷若神鬼，後建領魄收於省下。」

○明洪武黃立恭舊日枝芑請修報恩寺。

○金鼇金陵待徵錄：「前明琉璃瓦以備大內之需，其窯在南門外，雨花臺一帶，謂之琉璃窯。」

○塔圖附志云：「宣德六年八月初一完工，共十九年。敕工部侍郎黃立恭依大內圖式造九級琉璃寶塔一座，曰第一塔。……其塔高三十二丈九尺八寸九分。日頂垂脊七十二，上下八角，垂鐵鈴八十個。再共鈴數一百五十二個，而九層外燈計一百廿八盞，下方底內外塔心有琉璃燈十二盞。

○陶冊圖中之塔，則仿南京琉璃塔而造，現藏英國博物院中。

○姜行本貞觀中為將作少監，護作九成宮及諸苑籞。伐高昌造械一發千石。

○唐哀宗天祐初，鄭璠攻豫章，發机飛火。（宋路振九國志）

○宋真宗咸三年，神衛水軍隊長唐福獻所製火箭、火毬、火蒺藜。咸平五年，有冀州團練使石普，自稱能製火毬、火箭。

○管形火器是宋陳規等所創，見靖康朝野僉言後序和湯璹德安守禦錄。

○石炭在交漢時已有。

○秦惠王時李冰造都江堰。

○和帝永元九年蔡倫奉命鑄劍及其他軍械。元興元年上表說他能造紙。當時稱為蔡侯紙。

○馬鈞重造指南車，改造織綾機。

○漢明帝時鉅鹿人陳寶光妻發造織綾提花機。

○馬鈞在魏時造翻車。並造連弩。

○晉杜預作人力鼓風設備、連機水碓。第一次造黃河大橋在富平津。他更作用欹廿六。

○隋宇文愷建築設計專家，主持開運河，重修魯班坂道，營造仁壽宮，文獻皇后陵，又造觀風行殿。

○隋軍渡遼水，他五天內造成浮橋。

○黃亘、黃袞兄弟，亦建築設計家

○耿詢造刻漏款式。

○懷丙

○燕肅造復指南車、記里鼓車，款式。

○畢昇造膠泥活字模型。

○■造宿铁刀（南北朝其事由掇採）

○元孙威造「蹄筋翎根甲」。子孙拱并造

罍匜循，并精罍匜谱。

○元贾勇，治河工程师。

○孙星衍订魏三体石字异字，放平津馆本刻字人

刘文楷。

○苏州府志：朱圭，上如吴郡人，專诸巷人，工刻書，

無出其右。有河南画家刘源绘凌烟阁功臣像，

上如镌刻，尤为绝伦。又南陵诗人金史，字古良，

撰及汉至宋名人各图形像，题以乐府，名

曰無双谱，亦圭所刻。既选入养心殿供事，凡大

内字画，多出其手，以效力授为鸿胪寺序班。

又焦秉贞绘耕织图诗　沈喻绘避暑山庄图咏

皆其所刻。

○大良造鞅量

○清王易錭竹

〃吴之璠侗竹

〃封锡禄侗竹

卢葵生刻花墨漆双骏文具匣

○明沈子蕃■纬缂丝。

○刻砖人历城陈浩见何绍基金石跋

○古陶文字保载陶攻吾

陶攻谋

陶攻许

陶工巨擇
陶攻鞭
陶攻又
陶攻上
匋攻臣
匋攻匜
匋攻孝
匋攻僉
匋攻申
匋攻牛
匋攻介
匋攻乙

陶攻誃

匋里人膏

匋里曰成

匋高曰全

匋里人得

匋里可

孟喜

丹潘

陶工刀

匋攻謵

匋攻午

王紳

迓

包

王佑

乘

何

貴

匋里賞

匋攻昌

○艺林伐山九郎照影壁

○楊惠之塑佛壁

○萬年少墨論：

冀公墨法

祖氏墨法

李超李廷珪墨法

潘谷墨法

麻子墨法

魏韋誕邢浬仲將之墨

六朝張永

五代奚超及其子廷珪　廷珪在南唐賜姓

李。

宋長和沈珪

宋陳贍

張遇以龍香劑進御

隱居子王迪止用遠煙鹿膠而自有龍麝氣。

潘谷駸駸爭廷珪流至欵

朱萬初又谷之流

葉浩然

六朝之後復有李承晏

李甫

陳贇

盛皓

盛道

盛角

登真

宣道

宣德

朱君

德耿

德真

猛帖二册页墨光犖可爱

燕人易玄光字处晦封为松滋侯

南中楊生

金章宗履遇

蔡滔

潘膺天啟間

程君房

方于魯

吳去塵

玩虎軒刻十五家墨表并不錄。

○通國造塔刻敦煌李柳書金經經吳蒙

刻石。

○士禮居洪氏隸釋刊誤沈良玉刻。

○褚華木棉譜：馬生者，（傳曰：）天下之名巧也。患其遺日表

巧，乃易以十二綴。（織機也）今女紅惟用二綴，又為前要，

○黃道婆上海人，元元貞中攜織具歸，傳其法于

烏泥涇人，人皆大獲其利。黄道婆能於被褥帶帨上（旁注：舊作）

作折枝團鳳棊局花文，邑人化為象眼，為綾文，為雲

朵，為膝襴胸背。成化間，流聞禁庭。

史稱梁武帝造木棉皁帳為儉朴

○稽古編大宮銅鍾容一斗建武十十選工伍興造

○清御伯奇造七政儀觀象儀渾天儀時鐘

日晷儀，對數尺，象限儀等。

○東觀餘論：漢熹平石經獨剩者陳思

○羲狄造酒

○山中新語：平江漆匠王　者，望正間製皮舟，又

造洋天儀。

又因以吾完僧閲閻習二十絃以銅為絃。

○志雅堂雜鈔：世傳雲帖爲發冊碑工王用和刻。

又造琴名手：慶曆五華道士衛中正、宗寧、馬希亮、唐僧三慧大師。唐雷霄、雷威、雷珏、郭亮皆蜀人。沈鐐、張鉞皆江南人。蔡睿、僧智永、衛中正慶曆中朱仁濟、馬希仁、馬希亮、宗寧中正宋人。

○又履園叢話中有工藝家名字，未及查，附記於此。

○志雅堂雜鈔剪花名手俞叔之

○中國雕板源流攷：敦煌石室書錄：「大清永隆羅尼本經」，右有王文沼雕板一行。「宋太平興國五年，翻雕隱本」。

○國史志：「唐末，益州始有墨版」。

茶香室丛钞：明刻子匠徐承惠供……」

印匠清成

士礼居：「近日会元装池出良工钱半岩手……其子学亦世其業。」

○闞鐸著金石考工録，今不録，共二百十四名。

○中國雕板源流考二十六頁：把總鐫手黄日仁

頁四十：華燧創銅字板

○頁四十二：邵振用活字

○堅瓠集卷二：嘉靖末世宗修乡宴典改宫殿，楊州木工徐杲主大營繕。

○一九五六、八月十三日漫步書林言便民圖纂，万曆本插圖為傅此克、李楨、李援、曾中，罗锜等人所刻。

墨子通譯

端木蕻良

墨子通译　第十冊

墨经诂释

曹京平 一九五六

经上

经说上

故，所得而后成也。

故，就是因果，说文："故，使为之也"。

梁启超以小故为分因，以大故为总因。

小故是个别因果，大故是决定性因果。有大故就会改变全部面貌。小故，有了它不一定这样，但没有它又不这样。大故，有它必这样，大故可以改变现状，小故即寓于现状之中。这是非常辩证的，梁启

起以为「大故有之必無然」不易解釋，所以把無字刪消
改為有之必然，這樣就機械了。不是墨子的本義。
張惠言以為經也，若有說者在下節。
經：分于兼也。
個體是整體的一部分。例體像二分的一半，像尺有
多端，兼多起點，體有起點。
↑知，材也。知材只是備的官能，需要以官能求对象，若
睨，知，与物相接，得到感性的認識，如遇它的面貌。恕，
須以其知論物，提到理性的認識，若明。明与暗，都是實
在的，但也是抽象的，如單有双眼，也不会認識明。

仁、謂愛也、

墨子是反对儒家的、儒家提倡仁、墨子说仁祇是愛的一部分、不是兼愛、而多半為己用而愛、如愛馬是对馬的仁，是因為可以為己用、愛馬實在是為了愛己。人都愛自己、但不是為用己也、所以不顯着、不像愛馬是為己用那樣显着。愛馬=為己用。愛己=不用己、二者都是自私自利的。

若明二字衍文。

義、利也

義、是以天下為職分、而自己的才能能对天下有利、所以不必以他為己用。

佴自作也

佴，爾雅佴，貳也。貳謂副助以作事為釋。鄧高憶象。佴即恥字。由其所以釋孝為忠信可證。

與人遇，人象惰。恥是自己振作，與人相遇，而需往日之恥，人象皆順循矣。恥與勇相併，故孔子言，知恥近乎勇。

按耳有聽音，取耳聚，故知佴必恥之古字。

諝作懂也

謂，為是，為是之台，彼也，弗為也。

狷，即「必也狂狷乎」的狷。嗛鄧釋是，言常于恥作自後足也。刘申叔墨子拾補卷下三依国策魏策訓謙為怏。

楼為是，即為己之所是，不什及旁人也。為是之台，（有作洛非）即自我為是，台我，第一人称，彼第二第三人称，别人所作的，不去作。

鄧以知其思，耳也移，闻，耳之聰也，節下

勇，志之所以敢也。

不以其不敢於彼也害之，勇是有選擇的，自覺的有意識有目的行動，不是自發的盲目的，

力，刑之所以奋也。

力，重之謂下，与重奋也，奋是起的意思，重量的

表示是向下，力量的表示是使物向上或使之不向下。

生，形与知處也。

張謂形體有知，是生也。有知的形體，就是有生命的东西。但形體的生命，常不可必也，会消失的。

這裏出現有兩個問題：

一個是形體消失了生命，形體的物質还依然存在。

一個是知是仍然可以自處的，導致信鬼的一途。

墨子没有回答这兩個問題，可能他老先生都认为是的。说苑老子師常樅，高士傳作商容。商常通个、卧、知無知也。

◎臥，即寢即睡字，不是坐臥的臥。身音

且且，言然也。

且且是現在進行式。

君臣萌，通約也。

約同■等，■平等也。君以順民者也，順民則得為君。

功，利民也。

功的定義是利利民。利民之事無冬歷（爱）比皆為之備

若為民之被衣裘然。

罪，犯禁也。

罪，不在禁，惟（通雖）害無罪。姑。鄧以姑為殆，姑

就是姑息，姑縱，姑且听之的意思，隨它去罷。

同，异而俱於之一也。

同　二人而俱見是楹也

楹即形，多種不同的屬性俱在一個事物[illegible]之中，人們同時可以見到它們，這就是同。如人們看到石頭，就看到又白又硬的屬性同在一個形體之中，所以說是同。

久，彌异時也，宇，彌异所也。

久即宙字。統貫一切不同的時間，叫做宙，統貫一切不同的空間，叫做宇。

窮，或有前，不容尺也。

正与凡相反

孙诒让释前为端，分。此处是说■之穷，■前已先有之，但无后，自此而穷，以无后，所以不能容■尺，不可量也。

尽，莫不然也。

尽 ，但，止，动。

邓高镜以但为凡，甚是，止，止于此，即终结，所以也是尽已。

郭璞诗「林无静木，川不停流」，象所也不以说林木尽动，川水尽流。■■

■。动是止的反面，凡动莫不动也。

始，当时也。

我们说时间，有过去，有未来。但我们说開始，就是指的那一瞬间，没有过去，也没有未来。

化，徵易也。

化是由变易而得徵的。

儇稘秪

孙釋為環皆為底。不能很对，凡環之外切緣之意矣，即為環之氐，氐即本，因為環是同半径的緣故。

注儇稘秪是一個題目，下面儇昫氐也是说，故之一也字。

止，以久也

于者書以久為厭。案久及宙。

必，不已也。

必是沒有止境的，如說必要提高我們的科學水平，

這是沒完的。

必謂臺執者也。孫釋為抱持。見說文臺。我懷

疑臺是臺，即一執者也，即皆然之謂。下言若兄弟之一然者一不然者，必不必也。易兄弟同心，其利斷金，此之謂也。

平，同高也。同長以正相盡也。

平，什么叫作平呢？高度相等叫作平，什么叫做高度相等呢？直線在同一的水平立面，就叫作平。

中，同長也。

圓的半徑同長之處，就是中心。從圓心所到其半徑無相等之處，即是中。

厚，有所大也。

厚惟無形大，直寥也。

梁釋：厚為體，惟當作區，區即面，體有容積，而無容積。鄧以厚者由高廣長三度相參而成其大。

〔按〕惟字不誤，不應刪改，惟當[illegible]讀的字。厚惟有無厚，所以才更大，即莊子所謂：無厚，不可積也，其大千里，司馬彪又謂何止千里。這就是面的意思。這都是從地天的觀念引申出來的，地是世上最厚的東西了，體積也是最大的了。而天無厚，天不可積也，沒有體積，惟其無厚，所以更大，以及無限大。

圖一中同長也。

規寫之也。圓是一個中心，沒有兩個中心，半徑皆相等。

方，柱隅四觀也

方，矩現之也，

端，體之無序，而最前者也。

端是無同也。

梁釋端即數學之點與對。端就是一點，不會有相同的，端都是個別的。體是兼之分，端是體之分，是無同的。

有間，中也。

二物相間，必有中間，中間由中央之者而有。

間，不及旁也。

間是二物相夾之空間而言，不涉及兩旁之物。

間由夾而有。、尺即像（梁說）前于面內（匠穴，穴為內之

誤，古謠歌，乖土返內，內作　致（隱）而後於端，不如于端

与而內，

為早臺，

即為皇臺

及，不是參接的意，是指侵及涉及未說的。所以說文非

齊之及也。

纑，閒差也。

兩木密合，但無論如何嚴密，必有無朕之處，這就叫作纑，是看不見的縫。

个盈莫不有也

盈，無盈之厚，乎及無所往而不得，

這個盈即彌立異所之彌的意思。

，它本身無盈無厚。它有無數无窮的線

，它是無限的，

。如果說起以盈為有窮積，須就長寬三以求之，所以說莫不有，那說法，不合此節。

攖，相得也，

櫻、尺与尺俱，不尽。端与端俱，尽。尺与端或尽或不尽，坚白之相櫻尽，體櫻不相尽。

梁启超以櫻为交，恐是。線与線相交，不尽。點与■點■相交，則二點已合为一點■以尽。線与點相交或尽或不尽。要祇是一點公尽，要是線之一端与線相交則不尽。以上讲的是■平面的，非是立體的相[illegible]則不尽。

比、有以相櫻有不相櫻也

比，及有端處可。

仳即是比，猶佽即次。■比

有序的意思，次，有層的意思，

此要是曲線的斜相交，[illegible]題斜不相交，此必得有兩綫，即

有起屹處可。

次，無間，而不相攖也。

次，無厚而處可。

次，二物相次，如二物皆無厚，則雖相接之處[illegible]沒有間

隙，而仍不相交。如點與點相聯而成線

法 所若而然也。

法，意规员三也俱，可以为法。

若，印顺[illegible]的意志。意法规三者顺若，可为作国法。

员，印[illegible]国。

法，顺民的意志，制成法规，而明言以告示之，才可以为法。

佴，所然也，说所以然也。

佊 然[illegible]也，犹民若法也。

于 释佴为强。

彼，不可，两不可也。

彼，■即不同意对方的意思，所爭只是一個事物，要是兩件事物則不可。

彼　凡牛樞非牛，兩也，無以非也。

牛樞和非牛，說牛樞不是牛，這是兩件事情，無以相非，所以要截然為兩事，則無所爭彼。不求類比，采求乖彼。

為，窮知而懸於欲。

■人的知識很貧乏而■欲望面則很大。知和欲差了一大截。結果知識不足以決利害，祇看見眼前微利，而甚陷於■己■欲，不能決疑，終害于欲而窮于知。知識是有限，欲望無限，惟通过努力則會致更多的知识而缩小与欲望的懸差。

已、成已。

已是结果，衣服做得了，病没有了，都是结果。结果有成義，成就，除掉，又俱相反的意思。

服，執，說，巧轉，然求其故，大意。

服，即同意，執不同意，說，說文訓言相說伺，即為人說話的意，巧轉，即巧飾變詭，不要祇為見這些表面現象，還要深求其所以這樣之故，則會大有進。

想使堅執己意者服信，還得說得必使其信服，祇有進後深究下去，才是好法。

法，同然观其目。

法、所同、觀所持

這些都是說辯論的方法。假如對方和我所的方法是相同的，而把我難住了，怎樣辦呢。這時要觀察這樣同，是什麽樣的同。

同有很多，重同、體同、合同、類同。

大取篇第十種同

重同，

具同

連同

同類之同（即類同）

词名之词（即名词）

北词

鲋词（即附会之词，即附词）

是之词

然之词

词根之词

虽他是即一种词，然然底可观他的巧饰变诡之处，

就可使对方辩绌了。

止，因以别道

看他接近真理的程度，(即立脚点)可以区别道的好坏。

他以为这样就够了，所以不这样的反向，更进一层，■则他所止的地方，即他的立脚点就被推翻了。下说正，无非，就是结论，直理是驳不倒的，不怕人来驳，真理却常在，所以说，若有人非，而不非正。

徑下

徑說下

止，類以行人，說在同。

止，是現在所到達認識的程度，像行止都走到亭子那裏，在那兒休息，我們說這些行人都止于亭是一類，另外一些行人，都止于樹下，這又是一類。

同名，二与鬥，愛食与招，白与視，麗与夫与履。

這是就名義上來說是同，而實質上不同。俱鬥，不俱，二。及物接觸，俱，与任上攖同，不俱，二，不相攖，則及離，但從及離的名義上看來，它們是相同的，包是受肉，肝肺，未受之肝肺，子是活人，三種迹不相同，但都以爱之名举之，我爱包肉，我爱肝肺，我爱儿子，是相同的。橘茅可属人（食用，無可属鬼神呼吸食用，从食用来説是同的。雖説生人和死人是絶对相反的，白馬名白，能視之馬不名視（不能視之馬則曰瞎馬）則視馬這種然，谁未以名举，是因为他必然如此，所以白与視同是名也，白馬，一命題，視馬，一命題，二者可互相麗（耦），二者因它本身雖可以偏（即可对举）但不必对举白馬視馬，不必並举，已往並举了，因為説馬就不是指瞎馬説的，定指能視的馬説的，那么，白和視皆所以名馬者也。説某人為非，則衆不為非，説某夫之勇則衆夫不為勇，買布為履，則布不盡為履。在這種形式之下

兩、夫、覆，又是相同的，

衣即是布，鄧釋非，

一、偏棄之不可，偏去，而二。從在見与不見，一与二，廣与脩，

一、一与一亡，不与一在。偏去見与不見離，一二不相盈，

廣脩堅白

鄧釋是

偏去，莫加少，說在故，

偏去，以前是說減少的，而今又說偏去不增不減，那就

要偏去的因而定，雖偏去，而仍俱而為一，其質量不变，

如气搖，如旋搖，都適用这個說法。

假，必學，說並不然

假 假，必非也，而叚，假物，假霍也，猶氏霍也。

假，必有背謬的地方，即名實原不是一件東西，而為一件東西了。猶氏姓霍，他以前一定不姓霍，而今假以為姓也。墨子好用霍姓為喻，按霍即雀，即鶴，這個例子比較明顯，所以墨子好用他，一個人姓霍，你就說他的祖宗是鶴嗎？你必定今說不然。所以說假必謬，但現在別人也承認他姓霍，他自己也承認姓霍，遂假霍以為氏也。

物之所以然，與所以知之，與所以使人知之，不必同，說在病。

一個人生病了，他生的什麼病？

一個人知道自己生病了，他知道自己是病，但到底是什么病，他所知道病的意思和病本身不必同。

这個病人告訴别人，他病了，是所以使人知道他是病，而他告訴别人的病情，和他自己的感覺病的情況不必同。這三者本是一件事，但是有距離的。好比，對其所比，告人對其所比，这三者是有距離的。了解这三者的距離对于了解事物的本身是有幫助的，而三者的有機關係（和孤立的針對一而去了解它相反）也可以從这裏加以掌握。

與（同舉）一，或復否，說在拒。

舉之則輕，廢之則重，非（同排）有力也。

举一件东西，它复回到原来的位置与否，要看它排拒地心吸力没有，如有外力排拒，它还会举，否则它就会复到原位上去。

举之则物从的重量已被所举的力量所排拒，所以较轻。废，是弃置不举的意思，则物较重。

墨子屡屡引木鹊作比，这里也可能指木鸢来说的，木鸢被举排除地心吸力，所以很轻。如落地则很重

俱一从也，说在俱一，惟是。

俱，俱一，若牛马四足，惟是，当牛马，数牛数马，则牛马二，数牛马，则牛马一。若指数，指五而五一。

一从，同从，同一从时也。牛四足，马亦四足，惟是，要

看要求的是什么。是求頭數，是求足數？單提數牛或馬，則衹得兩种，即牛与馬二者。共數牛馬則為一种而已。若是指數目來說，指五說吧，五也是一个數。不能說五是五个數。

宇或徙，说在長，宇久。無久与宇。

長宇徙而有處宇。宇南北，在旦有在莫，宇徒久無，

莊子庚桑楚篇云：有實而無乎處者宇也，有長而無本剽者宙也。久就是宙，宇之即宇宙，宇即空間。

空間是變易的，或也是變易的意思，不是疑問口氣，為甚麼呢？由于它的長度是無限的。它的變易由何顯示處來呢，本來有實而無乎處者是空間，但現在要指一處為其所，處之空間（即處宇）

如處中者本以南為南，

但中之為北之南，中之為南之北。由處宇可以显示

出来

在南之最南北之最北，空間的地位互相掉换了，北成為南之最南，南成為北之最北了。這从宇南北可以證明宇徒的道理。

在旦又在暮，又無。

夜的盡頭即[illegible]假設中的夜的終點，即是旦的起點，假設這起點是0，這時是沒有時间的。所以說在旦又在暮，又無。同樣在南的起點亦即北的終點，必然会有這一點，假設這一點是零，在這處便無空間，所以說無宙与宇。

又，空間是無限大，時間是無限長，它兩是不能成为比例的，墨子常以「與」為比例的事用詞。

在諸其所然，未者諸然，說在於是推之。

在，堯善治，自今在諸古者也，自古在之今，則堯不能治也。

在，是具體人和它所在的空間與時間，以及所具備的一切條件。

社会是有發展的，說堯善治，是从我們今天来他那時條件之下所能作的。要是離開■社会的發展，使堯仍用他那同樣的治法搬到今天這個社会上来，則堯不能治，因為時間地點條件不同了。

在諸其所然，就是在許多和他相符合的條件，來諸然，要是沒有這些條件，就不是這樣了。這是(所然)和不是(不然)是要看他在(實在)那種(諸)的條件(然)來決定的。所以說，說在(實)於(比)是(諸然)的關係來決定的。

後面還有一條也是相對的(原始辯證法)看法，是今天(五月七日)我想通的，姑志于此，以進一步的探求。這一條很要緊，如能確定，又可以說明墨子是了不起的大科學家。(墨子亦應當是)是總結了我國以前的科學家，是開闢了漢以後的一切科學家。

經說下：大常中在　兵人(的)　長所　室堂(的)　所存也　其

◎

子□存者也。據在者而問室堂，惡可存也。主室堂而問存者，孰存也，是一主存者以問所存，一主所存以問存者。這裏字句都不对。

◎道藏本吳鈔本大皆作天。

四庫本畢本亦作天

道藏本吳鈔本人長作人常

舊不知。詒以為大常中在兵人長亦在卷後為人民，是亦误。

〔按〕亦作天常中在北。中同忠，見經文。古文丘作■丠（北古丘形近）亦作𡌳，見說文（从北）。遂訛■北為兵。

天的中心在北，可以墨子當時即以北極■為座標。為從來進一步認識北極星打下了基礎。

人常存在的空間是在■室堂之中，室堂是之人存（同時之房屋空間也是之房子存在的空間）在的空間，（之）是被之空間所存在的（其子即其人存者也）實物（存者也）。要根據人而向室堂（存者），堂堂何曾存這個人了。要據室堂而問什么曾存在了の、（祇有■然有之空間）是人存呢，還是房子存呢の。因為他們兩個皆有同一空間（當然祇有■存在房中了）。所以說我們以那方面為主，未提問題。形存與者，即二者同佔有一個空間，他們的存在，到底是■那個存在了，要看你們以那方面為主，如■據中以向天，祇見天，不見中，必據天而向中，在中即具乎天也。

天常中在北，就是如此。

全節應句讀如下

天常中■在北。人常形■室堂。形，存也。其子，存者也……

天常中，在北。■己見前釋，人常形■（室堂）与「天常中，宇孫其形也」語法同。室堂是人常存在的地方（空間），這人（其人）是佔據這空間的存在物，（存者也）而這存子也是佔這同一空間的存在物。

據陳遵嬀說：古人以為北極是不動的，直到公元三三〇年晉虞喜發現歲差（付箋歲差發現），才知道北極也有移動。因為北極■的移動，所以極星也古今不同。我們還不知道古是以什么作極星。墨子這句話是不是記載天以北為中最古的記錄呢？！按史記天官書所記，墨子也不以帝星為極星，就第一手的古代記錄，這應該是最古的記載。鶡冠子「天有五極」，時間較墨子為後。

景不徒（應作重）説在改為

景 光至景亡，若在，盡古息。

景不移動，祇是在改變，第一個景已不是第二個景。第一個光和第二個光所向所夾的光就是景，因此新的光來了，即另成新景，即第二光与第三光中間光又構成新景，舊景若在，終古止在原處，這裏意味着光波的意思。

景二，説在重。

景 二光夾一光，一光者景也（臨鑒者之臭），鑑即鑒，臭是首字[illegible]）景之首無數，而必過正，故同處，其體具，然，隨重分。

此即二光，夾一光，一光者景也，即反射之景也，這附首景無數，皆因反射所構成之一光的景故，而必直迴，即必得通過一個直綫上面，在一個垂直像上，所以形體俱全，而鑑是分別的，互相反射的，

景到，在午有端，与景長，説在端。

光之照若射，光之煦即光之照，是按照直線進行的

景迎日，説在摶。

景，日之光反燭人，則景在日与人之間。

摶即反射作用，日之光遇到鑑上被反射過來，則景在日与人之間。

景之大小，説在梔（舊作地），依鄧改，正遠近。

注说下，而要正景过攻相，墓解相为摆非相照也。

景小，立木要斜，景短而粗。◇所以粗。木正，则景長而小。以景与木的比例来说。不是景独小于木，有时也会大于木。

臨鑑而立，景到，多而若少，说在寡區。

臨，正鑑，景寡。貌能白黑遠近梔正，異于光鑑。

寡區，即面積小的意思。正臨一平面鏡，正的景的部分小。光像■强弱远近不同

要是鑑面不同，凹凸变化，则像物之貌也有■深浅遠近斜正的不同。黑白即濃淡深淺之意。

卜 貞 貞亦作■正，鄧作貞，非。而不撓，说在勝。（四庫本作貞）

近衡木加重焉而不撓，極勝重也。右校交繩，無加焉而

撓。極不勝重也。衡加重于其一旁，必捶，權重相若也。相衡則本短標長。兩加焉，重相若則標必下，標得權也。

極即臂，右即又，校即較，衡量也，交繩即股繩，加重它的質量，而横木不撓，道理就在於它能勝任。（如，等也。）勝即後來五行相尅相制的古意。

左衡木兩頭加相等的重量，衡木不撓，因衡木反臂能勝重的原故。右校双股繩（即秀乙孔右手校繩之後），反而什么都不加，它就垂了，因它反臂不能勝重也。秤要是加重它的一边，秤锤一定打不住，因为它要在两边重量相等才行，现在不相等，所以就打不住锤，在这情况下，使锤向外推（標長）钩物的用繩把石拉起叫挈，这須有力。石落下，因没有人力拉它。

本縮短，这叒方而一加增[illegible]，則兩端比例相当。要須兩边重相当，標即下移，即加長，使標得權。

挈（嘉靖本作契）与枝板，說在薄。

挈有力也，引無力也。不必所挈，之止於施也，绳制挈之也，若以錐刺之。挈長重者下，短輕者上，上者愈得，下，下者愈亡。繩直權重相若，則心矣。收，上者愈喪，下者愈得，上者權重盡，則遂挈。

下文解[illegible]釋说，膠絲去石，叫作挈，絲断了，叫作引，

這真是世界上第一次發現地心引力的说法，未免太看易也。收是收上面的引繩，實則亦是挈，祇因是名字的改

枝板圖

石不向欲挈的方面去，祗止于斜面，是挈与石重相等。

变，一切都还没变，下边的每一套拳上呢，这个階段叫作收。收就是收缩上面的绞绳的意思，收即斂，即缩，即緊的意思。

心是奔，向，歸[illegible]，主的意思。口语说他心向着他，这奔心，都是这个意思。不心所挈，此（之）止于斜（施）也，要是挈不高都是绞绳[illegible]与重相等的原故，绞绳的设備是用来挈物的，要是[illegible]极以绞提来缩短它，挈的重者向下来縮短者向上去，上去的多，下[illegible]面的它少了，绳和权[illegible]重相当，则石向着地心。收，上面的绳收的少而短，下面的它向上，上面中权它它，就可以挈成功了。

绳收到尽头就是

薄〃靡擦。

倚者不可正，說在剃。

剃即梯（今作梯）

這是說引重須直，滑車決斜。引重以斜為害，滑車以直為害。梯即滑梯，滑梯不可滑，因為他直的原故，以斜之則可滑。如用棄石于地，石雖重但不動，因為他四旁沒

有斜面的梯坡，要有斜面而石頭從它滑出下去、

用繩引軲轆，就像從船上引橫一樣、

推之必往，說在廢材、

按：廢應作棄解，棄去置也，于省吾釋作法非是、

方石去地尺許，置石于其下，懸絲于其上，使適至方石，石重不下，這叫作柱。膠絲即著絲于石，這叫挈，絲斷了，這就叫引，方法未變，而名改，即收繩的叫做、

这就是说王的题横浮，不悬上下同石，收绝知指之前也。

买与卖，说文作其賣。

从日败。

虎米与鹤（霍）孰霍，（后汉书马融传"徽姐霍奕，别鹜飞奔"注霍奕，奔驰貌）二者不能比。蚊与蟊孰蟊（蚊即蚊蚋，蟊即蟊蟣（即蟊蟣虫））孰蟊，蟊读作蟲蟣，蚊它同音。

二者也不能相比。

無一説而懼，説在弗心。

鄧作思，非是。按弗心即拂心，拂逆于心也。這于墨子的兼政正合。言我兼是人一般的願望，而我去拂逆于心也。因我不以奪其子故也。

經説無字是記號，可是衍字。

或，過，去也，説在實。

知道不是這樣了，又知正確的不在這個地方了，然而还是肯定它是黑白，（南北意同）這是惑。開始以此為南方，現在雖然明知這不是南方了，但因為要堅持開始的説法，所以仍然说这是奇才，而以己为然，这就是迷了。

◎知知之否之足用也，谆，说在无以也。

知道自己对这事物是否真知，即以为足用了，这不对，因为知是无已的，无有屆限，以此为足用是不对的。有论者就可以证明有[illegible]不知的事物，而论据是无已的。

这是反对孔子所说的，知之为知之不知为不知是知也的说法，比孔子是更彻底。

◎

覊弛　即漢剌攻卷の有鴃萃也……唯雖冬夏尚弛
之之象也。樓覊即䬄，古者以為駃騠。
食之以駃騠，鴟鴞寧鴩也見說文，再作鴟鴩。朱鵅
声謂討律水偕鴞為梟。

◎　◎

經下

經說下

五行毋常勝，說在宜

鄧釋：宜為多。

損而不害，說在餘

飽者去餘，適足不害

適去也，舊釋胗妨，非

知而以五路，說在久。我者若視曰應歸智，移所知條下

知，我者有視，曰：以目見，而目以光（舊作火，非是）見，而

若不見，惟以五路知，久，不當以目見，若以光見。

火假为光，光古文作炗。

我能视因为有光，所以我看见。但光本身并不见，但由于我有五种官能，综合而达于意识，所以我知道有光。久（即宙）即时间的延续，是不能以目[illegible]见的。就像人认识那标被认识的。

火热，说在顿（火作必误）

顿即掍沌即混。

①

無不必待有，說在所謂，

無不必待有之後而無，如說天塌了，天未是無，而又說天塌了覓，是否要有而無。

徧祭从音，户枢免瑟，

徧即邊，祭即際，从道从音近假為轉，者即諸，瑟即[illegible]之假字。或讀為邊際轉諸，户枢免[illegible]。

擢慮不疑，説在有無合。

擢疑，臧無謂也，今死而春（同春秋）也得文，文，死也可。

擢疑，即去疑，無疑則有獲（去疑有獲），則有無合，今則以智，死是人之無，得知是春秋之知，今死而春秋也得文，則死也可，此與孔子朝聞道夕死可以一樣的説法。

實驗不■對，驗否屬下■讀，即區即面也，驗物一體也，舊屬上非是。

生於今而處於古而異時

乎吾以告为圣所是，以告语不打之家。

若两䐙

䐙作诘非，两塊肩胛骨一样，狗犬也一样。

荆之大其沉浅也，说在具。

荆沉荆之具也，则沉浅，非荆浅也。

若说荆水深浅，应该■就荆水的长短来说。沉即深也。就整个荆水长度■来说，荆水是浅的，但就一处水来说，荆水是深的，并不浅。

以檀为傅，于以为无知也，说在意。

于省吾說法不對。

以檻為薄，實在是表面的意相，没有以後来的進一步觀察来改变原来的意相（不意先知意相也）。若是他敢進一步觀察，敢於放棄原来的意相，即云，就可以知道檻是輕的，薄是重的，這是重的，所以是薄，這種意相就会是全面了。

推之意未可知條，鄧釋是也。

一少于二，而多於五，說在建位 舊作依，今从鄧說改

一五有一焉，蓋易五之二，一有五焉，十有二焉。

五有一焉，一百五焉，即假定以五为一

1=5

∵1:5

∴10:2

10:1=5:2

5/1=10/2

一乘五得五

十除五得二

一加一加一加一加一得五，故一五有一焉。

五之一即五分之一为分数

一乃千二而多于五

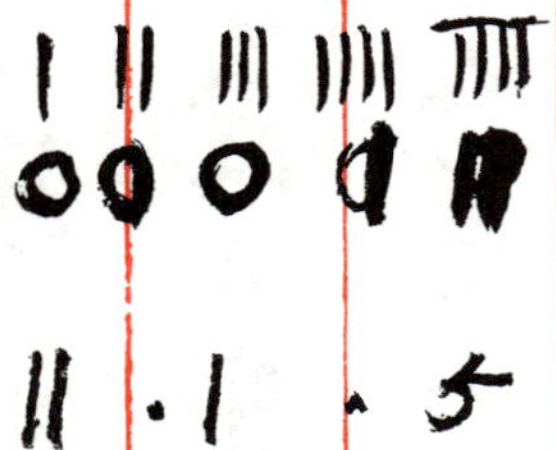

這是說的稱算建位問題。下边的一要和上边的差

一位[illegible]数，它便

一　为哲学教　2■■70.5

一　以下为小教。

可無也，有之而不可去，说在尝然。

可無也，已給，則當給，不可無也。久有窮無窮。

可已也，已經付足，便無了，當給，是曰需要付足，不可無。

到可的地步就無了。有之而不可去是曾証明是有過

的时候。

如把时间（久）分段，到恰当的时候（可）这段时间便無了，但縣

續下去，它又是無窮的。

正而不可擔，說在摶

正丸 謂作丸 無所處而不中縣，摶也。

物正便可擔。擔，搁止的意思。但圓形的東西便搁不住。丸圓球的重心無不垂直，所以它便會滾來滾去，沒一定的停處，所以說在摶。

宇進無近，說在敷

宇佢同區 不可徧同遍舉，宇也，進行者先敷近，後敷遠，敷，分也，方宇無定位，進行者，不可言接近何方也。

宇是無窮的，他的面積不可遍舉。一個事物在它上面進，先進的部分近，後進的部分遠。整個的字含有一定的部位，可以近行的事物，不能說它接近那一方，因為字的方是相對的。各以其所在而定方向也，如故宮之西乃中山公園之東也。

行修以久，說在先後。

行者，行者必先近而後遠，遠修近脩也，先後久也，民日人

行脩必以久也。

走長途時間也必長，時與空相配。走長途必先近而後遠，遠近就是長度，先後就是時間（■久即宙）有遠近就有先後，有先後就有時間，它們是正比例的關係。走長途

用的时间也要长，所以说行修以久。

狂举 狂同枉

惟吾谓，非名也，则不可，说在仮。

仮应作行。

逃臣……

遗者巧，弗能两也。巧应作朽，言遗失的东西早已朽腐，不可再现，而眷爱■它的人仍然还在爱它。

仁义之为内外也，说在仵颜。

仁义是一件子物■，所爱所利在此，则对所爱所利的对象的作用无同。

說仁內義外的人，是說人有兩個眼睛，一個眼見出入，所要眼睛看出，這是杜撰不實。[illegible] 孔子曰：「由也哓」的哓，注哓為畔顏，即反顏，失容也（即今俗語翻臉）。作顏即指一目司出一目司入而說，這種錯臉是杜撰，實際上沒有的。

學之益也，說在誹者

說學無益，這種說話，就是教人 [illegible] 教人就是教人學，而又說學無益，是自相矛盾。所以說誖，說在誹者。

取下以求上也，說在澤。

澤能取上面的水，是因為它下面有容積，它無窮下，記念洪水上面的水。

大取

以臧为其亲也而爱之

臧是争利的意思，

为暴，人谓天之为是也，而性为暴，人语（歌）天之为非也

以遇凶年或阴暴，说是天为之是也，以人为暴，说天为之非也，

读陈执

陳陣通，陳执即争执

暴人为我为天之以人，非为是也。予以性为生

暴人自以为他的暴性，是天生给他的，这是不对的。

親至薄不至。

親人，不必使被親的知道，薄人，不必使被薄的人知道。

为天下厚禹……

爱，仁人同，孔子曰仁者人也可证。

为天下厚禹，则自己也行禹之行，是对天下有好处。要祇是为天下厚爱禹，因为禹是仁爱的，这对天上没有什么益处。

就如同恶盗的工作对天下有好处，要祇是恶盗而不去作，对天下无好处。

圣人不为其害臧之故，在于臧。

圣人也应该修自己家人打算，使之有和，但何以不为他们臧获呢，因臧获本身与利是矛盾的，

死亡視，

父母死了，就不必看守他们了，活着看守他们的是本份，且是责任，圣人以天下为务，所以他们死了，就算了，礼到这为止，也就尽了。

回

興利有厚薄。

興利必先於長大者遠者，要不然必先有厚己薄人，卻失其倫列，之興利，必乃已。

愛無厚薄

愛之表雖有厚薄，愛之本意是相等的。

志功為辯

要從動機和成果來看問題。

非殺臧也。

殺臧是殺他牟利的行為，去殺盜，也是殺他的行為，

不是殺這個人。

凡学爱人

概括起来，学就是学爱人。

意指之人也，非意人也

意象中的人，是指某个具体的人。

意获也，乃意禽也。

禽即禽兽的通称，意想五禽之所在，然后鸟可以得。

利人也，为其人也。

利人是为其人，富人不是为其人，相反的是必有所为。

说云：形先为……白败是否也，尽与白同是否也。于以[illegible]败为败

此言名士白为否之象状，白[illegible]是否，白尽与白同是否。

但「大」和「太」不同，说天之大，和鱼之大是不同大，祇是为了称谓方便的原故，都叫它大。

察次山比，(山不朕)因至優(因缘)指，復次。

山是联的意思，優是揉合的意思，联起来比，揉起来指，然后再次再察，这是思想方法。

即察次联比，因至揉指，复次。

昔者之憲也，非今日之憲也

這就是「憲」。

昔之知墻，非今日之知墻也。

墻乃快是嗇意。

貴為天子，其利不厚于匹夫

鄧高績以為匹夫，非是。匹夫賤人，服役大夫的人。

說見墨子の、

務臧也

藉役的奴隸。吾善臧乃善臧以对天下的利害为标準，不以爱憎为标準。因为藉役的奴隸多半都是被

浸潤之辭

征服的人，所以墨子有這種說法，臧死對天下當然沒有好處，所以應該善他，同時墨子是去強眾民的，臧死對眾民也是抵觸的，雖然臧與民有別。以獲人也，臧人也，愛臧愛人也，所以是

而利之也尤多知

故浸淫之辭，其類在鼓栗

由上條股胈之說可知即股栗，股慄而不能行，實在是困，浸淫之辭，祇能說他是困乏，如股慄然，假設動不成行也。

舊不解

譽石

舊不解，言生人之譽（馳），與死人之紀石同

蛇文

舊不知，蛇之文異其為蛇用。

阬下之鼠

舊不知，言兼義之下，对面個人都一樣的。在所愛的人裏選一人拿來救掉他，這是無法去選的，和殺別人一樣。

若一阬之鼠一鄉之豁，無擇也。

臾，　手當各以中宜作由

舊不知，申即內起可出人，但与人無所

江上井

此不知，江上井，汲井猶汲江也。汲江猶汲井，亦稱

汲井但類汲井

獵走

走即獻〔差不知〕，因為音韻相似，

獵人入林，遇獸則獲之，人不為已之未知，也不排斥，隨所隨地皆可學，

死也

即死蛇蛇虵迪，也即虵，即未作虵，

死蛇即文在而蛇亡的意思，

（五月二十八日）

疏

且即將

且且即將將

若若是

且夭，非夭也，壽夭也。

且出门，是將出门，尚未出门，是且出门，是足出门。一個人將夭折，是非必死。一個人已死，是生年縮短了。

从這可得出夭不是命，人的壽命是可以延長的。

下言：

「有命，非命也，非執有命，非命也，無務矣。」

說有命的人，即是非命的人。既然有命，何必執

着呢？执着有命既非，可见不是命了。這在辯論中对方

用宿命说法来难，是难不住的。

日知日录

日知日录 第十一册

詞海唐花條：俗謂冬間以火溫出非時之花曰唐花。唐即糖字，見說文煨字段注。按唐亦作堂，齊東野語：「花之早放者曰堂花。其法以紙飾密室，鑿地作坎，綆竹置花其上，糞以牛溲硫黃，然後置沸湯於坎中，少候，湯氣薰蒸，盎然春融，徑宿則花放矣。」

元俞宗本種樹書敘：彼鬆沙可以蓄桂，貓瘞可以引竹，堅椰以鹽，鑽榕出火，栢不採經秀似毒瞽，梓為舶棕，竹細似召長，棉比穀而南鄙於櫰寄蝸而畫龜。

光緒漸西村人漫書

郭橐駝乃託名，也從郭。愛出俞氏。

另方言注卷二六：肤為逞者，乃佚之轉声也。

詩言：「秩秩大猷」，說文引作「戴戴大猷」，又「𧼮議」若詩「威儀秩秩」。「戴」「𧼮」「逞」並以逞得声；「秩」、「佚」並以失得声；是皆「逞」「迭」声相轉之証。蓋古讀若「秷」，「佚」古讀若「逸」，喉音自相轉，脂迻入耕也。

◎檻 㮣條引淮南子繆稱訓「周政至，殷政善，夏政行」，高誘注：「行，尚麤也」。

說文無騂字，按騂字息營切，庚韵，或作牸

詩魯頌「有騂有騏」，傳：「赤黄曰騂」。說文有驖字

暢他結切，徐灝箋：「深墨色帶赤黄者謂之驖驪」。傳：

「驖，驪也」。可見騂與驖應為一字。鉄，鶡冠子作

鉄。墨子以銅鉄對舉，又有沙礫鐵。

綽：倬彼云漢，為章于天。

追琢其章，金玉其相

桑柔：自西徂東，靡所定處

天保：俾尔单厚，何福不除。箋云，单，尽

也。

乃運為璣
持正為衡

◎

六經天文編 卷上 王應麟

易 天行健 胡氏（以正朱）曰 北斗振天二極不動 故曰天矢也

王蕃曰 鄭玄說 動運為璣 持正為衡 皆以玉為之

淮南卷五 郎蟈出

淮南卷六 西老折勝 黃神嘯吟 張平子天老習

教軒皇、老即姥、

卷九 處靜持中 運于璇樞 以一合萬 若合符者也

可証璇樞即旋樞 即機樞也、

卷十一 王喬赤誦子

齊俗訓 往古來今謂之宙 四方上下謂之宇

卷十一 窺面於盤水則見，於杯則隋

仝上 魯般墨子以木為鳶而飛之三日不集

卷十二 地動

卷十三 聖人乃作為之

同上 王道缺而詩作，周室廢，禮樂壞而春秋作，

詩春秋学之美者也，皆衰世之造也。儒者循之以教

導於世，豈若三代之盛哉。

三代之礼不同，何古之從，大人作而弟子循

虽循古終亂，今世之法。

卷十三 頁八 寬而栗

卷十六頁七 攷宮數偵者無數此同名而異實

此條可以解傴僂之辭如股栗。

頁二十 媒伹者非學謾也伹成而生不信 伹猶詐也

頁二十二 貞蟲之動以毒螫，熊羆之動以攫搏，兕牛之動以觝觸。

卷十七 月照天下蝕於詹諸騰蛇游霧而殆於蝍蛆

頁六 佳人不同體美人不同面而皆說於目

卷十七頁九 湯沐具而蟣虱相弔

人食礜石而死蠶食之而不飢，魚 食巴菽

而死、鼠食之而肥。

又十一 頭虱與空木之瑟名同實異也。

駿馬以抑死直士以正窮賢者擯於朝美女擯於宮

又十六 楊子見逵路而哭之為其可以南可以北〔按〕

逵通道也 南為赤北為黑故表示一黑一紅

卷十九又八 曼頰皓齒形夸骨佳不待脂粉芳澤

而性可說者西施陽文也 注陽古之好女、逵吉按文

選注引許慎注云陽文楚之好人也与此略异〔按〕兮

見有云西施一名文陽忘其出處。

琅環記：「後主召馮延巳以論事……諦視乃八尺琉璃

屏画夷大猎之圖也」。

○漢武帝修陽闕大道玉门閣都是軍事措置，云談和闐道如坻連而起來看。

○劉陶傳錢議：「務急朝夕之餐，所患靡鹽之事」。

○劉陶陳時事書上齊七曜 劉為桓帝時人（紀元147—167 桓帝共21年）摩登伽經中有七曜，該經為公曆230年譯

○崔駰達旨：「包羅學辟而有楚之」。

○張衡應閒：墨翟以縈帶全城。……疊何以說鉤致楊、疊嗣碣即何鼓。

○趙良說商鞅說：「春者不相杵。可知荀子成相篇

之相字何解，並可知相杵必歌也。

○五六九月二十六日光明文字改革於名吳古讀音

○文物參考資料一九五六第八期內有長安斗門鎮漢代織女石刻照片

○呂氏春秋盡數篇：「户樞不螻，動也」

○莊子庚桑楚篇云：「有長而無本剽者宙也」。剽即標，無本無標即無始無終，梁氏謂即無久之義，非是。

○東坡詩集卷之一註有陳倉鷄介山

○鄭樵詩辨妄失傳，而周孚非詩辯妄存，可見宋代學術空氣之抱殘守闕，不解有新意義也。

「七夕烏鵲塡河成橋渡織女」北京大學研究所國學門週刊第一卷1112頁234靜闇陸安傳說中引

◎「若石致也」畢氏作「若石者也」列且，「言然也」條下，又从俞氏說，以誤名為石耳。

又宙名說皆从胡氏說。

徧際徙「若户枢它蘖」。

藏（此字疑有誤）之為宜也。「校」張謂「藏」奉于俞無不宜為」，孫又改「藏」為「義」，皆未愜，並嚴之以待來哲。

同異交得知有無

同异文得，於福家良，此四字当有讹 知旧作超

旨無也。……

黏窝求，未也，梁氏作雞窝，成未也。

异类不比，从无量，

麋与需旧作霍，以孰高？「麋与霍孰

霍」此又字涉上句而衍 切通副 与瑟旧作瑟，孰已 旧以孙校

作瑟，又误，但不知为何字。

鑑者之臭 孙云，当作臭 诸校臭即首字，梁氏不解

此條见辟釋两镜部，並有两並，入在两镜之中，昂

所谓俱用兆也，则入之自無数，但越远越小耳。

而必易曰叔光之所映出之謂也。

景乃正故枻（舊作故招）瑞按作招是也，招与照通

照乃反起字，景乃正即景必照与鑑在一條綫

上，故能照之謂也

粧之必粧 皆誤

「駟」（此字衍）异。說在柱主

說在𨓜（舊作建）

五，有一五寫二十，有五寫十二寫。𨓜，前

取也（此四字舊本錯入下條）

瑞按：梁氏以上各條並誤

明星

大東 ◎

夏承燾南唐二主年譜頁一二七引江南野史，載童行撞鐘有節數，以為童行疑誤。按童行猶言娘行，不誤也。

◎傅鶉觚公古詩：東方大明星，光景照千里。少年舍家遊，思心晝夜起。可證古人以太白為亮星也。

楊震奏：覽鏡既往，順帝之則。

◎楊震奏安帝疏：大東不與于今，勞止不怨于下。

曹鄴詩：自移清河棹閒悍，又向空山宣所多。不以文害意之靜安，秋方生在七條綫。

後書孝靈帝紀頁九注瑯珠不同者也

傳鶡冠子：「孫武論兵，莫妙于奇正迭用，變化無形。」

說文柔當即梓字，不及易為之解。

琮即冲，璜即衡，古橋形徽中即銅璜，璜象虹，虹璜衡為一字，螮蝀為虹之多音字，衡為象，奚為螮蝀。古玉衡即象虹，衡衔本為一字，吳大澂已先言之。衡為虹狀，取其一端為璜，編為多件，即為衔。瑗與環本為同字，吳不知也。凡形小者為環，大者為瑗。邦有一商小圭，作下形

可以說是後來圓頂碑之祖製，漢碑多作形，則象尖形圭為多。

有鳥形者，如瑞，其式如下：

我以為此物最正確的名字，應該叫他做倉頡，它可能是最古的刻刀的遺式，後來，用以為佩，古代佩著，除了象首飾之外，多為生產工具，

所謂小璧，實即玉製紡輪。此刻刀無有甚於神聖所值，故以為佩。

紫桃軒什綴：寒菊十二月始花紫，枝葉皆柔，花青翠燦然，紫莖于風雪之中。

又山右新訪有十二色茶花像

今古奇觀出崇禎間刊行，魯迅先生以為傳犹託抱甕，並引松禪老人序為証，同文堂本仍用其敘而題為笑花主人，不知何故。

毛声山字序始，其子為宗崗，見声山外書

琵琶記序始無向來宗崗說，故似將二人混綿，玫瑰一名徘徊花，各色皆有，红者称为玫瑰，后以红色为普遍，故统称之。

有题顺治金人瑞序本，言与毛为同时，此序恐为伪耳。

清画志传有如雪堂本，外间志有寿业堂本，皆较精。

○琅玕即蓝之合音，蓝田即玉田。

○斯坦因汉简，谓以玫瑰向玫瑰求玉也，似以为形容花之色。可见汉时即有红玉，即清代所谓大红袍也，清代皆以珊瑚有红玉，但其全看过去者非珊瑚之玉。

○苏莫邪与无邪恐为一字之音讹

◎角散大同而小異，說文散肉說意甚含混，
散古字即肉連角，以手所角與肉相離，謂之散。◎
散从[illegible][illegible]陽文與陰文同，如學之雙柱，濱田
耕作不明陰文與陽文同之道理。
◎璧即劈刀之古字，濱田氏以為古國石刀，
說後同碗，但未舉出實例，乃推測之詞，我於
一九五六年十二月廿五日至故宮，隨解決此一問
題，故宮陳一大璧，形如下：

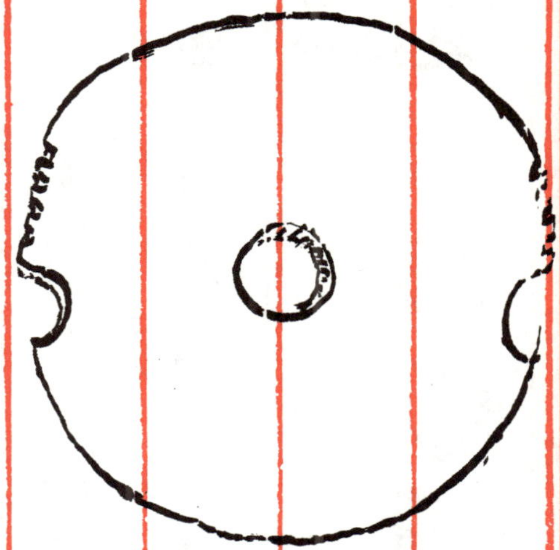

甲

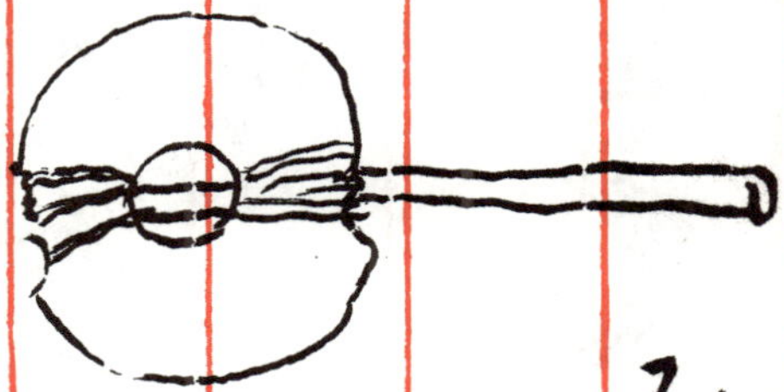

乙

此器下刃稍薄，犹存石刀之形製，可以说明
璧的来源是璧刀也。它左右两耳，与矛刀上面的
耳一样，是用以缚柄的。其缚柄之想象图，粗
製，如乙。

由此推想，璧环亦当为玉刀之一种，其机

并且绝非如帝国主义分子所解释为金木水火土者，而无为傳物之異數也。吾三十年思索之事，一旦冰釋，心中無限快慰。

凡璧有一边偏薄者，皆為受磨璧，蓋犹磨石刀之遺制也，到了後期，絶無此等現象了。這以作為新代以一個標椽。但此璧的由石斧輪蛻變而来，不能以偏薄来要求。而在環外也偏偏者，都是春秋以前的作。

說文：

瓊：赤玉也　璚　瓊或从矞　瓗　瓊或从巂　琁　瓊或从旋

一疑畫及銘 璺古曰今与璿同 璿古文璿 籀文璿

球 玉声也 从玉求声 璆 球或从翏 璧 瑞玉圜也 从玉辟声

瑗 大孔璧 人君上除陛以相引 从玉爰声 尔雅曰 好倍肉谓之瑗

肉倍好谓之璧 環 璧也 肉好若一谓之環 璜 半璧也

琮 瑞玉 大八寸 似車釭 从玉宗声 琥 發兵瑞玉 為虎文 从玉从虎 虎亦声

瓏 禱旱玉 龍文 琬 圭有琬者 璋 剡上為圭 半圭為璋 从玉章声

礼六幣 圭以馬 璋以皮 璧以帛 琮以錦 琥以繡 璜以黼 瓛

桓圭 公所執 以玉獻 珽 大圭 長三尺 抒上終葵首 从玉廷声

瑁 諸侯執圭朝天子 天子執玉以冒之 似犂冠 周礼曰 天子執瑁四寸

璬 玉佩 珩 佩上玉也 玦 玉佩也 从玉夬声 古穴切 瑞 以玉為信也

珥 瑱也 瑱 以玉充耳也 玖 石之次玉黑色者 詩曰貽我佩玖 讀若芑 珉 石之似玉者

玭 珠也 宋弘云淮水中出玭珠 玭珠之有聲 蠙 夏書玭从虫賓

珕 蜃屬 从玉劦聲 禮佩刀士珕琫而珧珌 至錶 音曰劦亦音麗

故从劦聲 郎計切 璣 珠不圓也 琅 琅玕似珠者 玕 古玕字

璗 金之美者与玉同色 禮佩刀諸侯璗琫而璆珌 珈 婦人首飾

詩曰副笄六珈 璩 環屬 見山海經 琖 玉爵也 夏曰琖 殷曰斝

周曰爵 珋 石之有光者 璧珋也 出西胡中 琲 珠五百枚也 从玉非聲 普乃切

玪 玪塾 石之次玉者 塾 玪塾也 璓 石之次玉者 詩充耳璓瑩

○珽即後日如意形，吳說桯上是長而傳葵首是扁而方，不對。這是漢制，後來晉代以鐵如意作指揮者即此物也。珽与梃通。

又琮如車釭，大宗伯以黃琮禮地。可見琮即宗之謂，用以統其宗以求繫聯也。所以琮即宗即綜。說文綜，機縷也。總聚束也。綜有統束之意。我們說束絲蘇，此皆以方版內銅圓孔，如現在之紡所用，今日仍用之者，恐怕這種桯板外方而內圓用以總括絲縷者是綜所取象。姑志于此，以待更多的佐证。

又漢制有邑吏，阮尚討，余見有实用，此必

信玉，用此以示信，平日佩于身上，以急或禮大事故，解以示信。邑中在宣帝元帝时最为流行。既爵有太初製者。其文曰：

回兕天佳龍品㠯申
惟丁丑歲
甲子望日
邑陽中庶
命昆訥司
關將趙瑕
㠯阮無咎

又旋玑即古代之璇刀玑与珠通，珠圈形玉之古称，形似也是圆石斧。

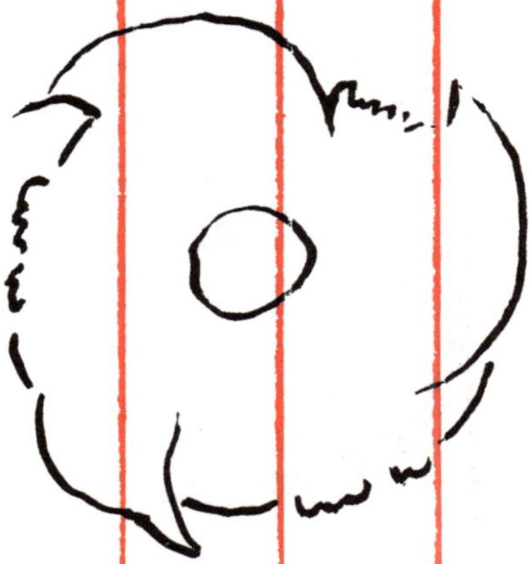

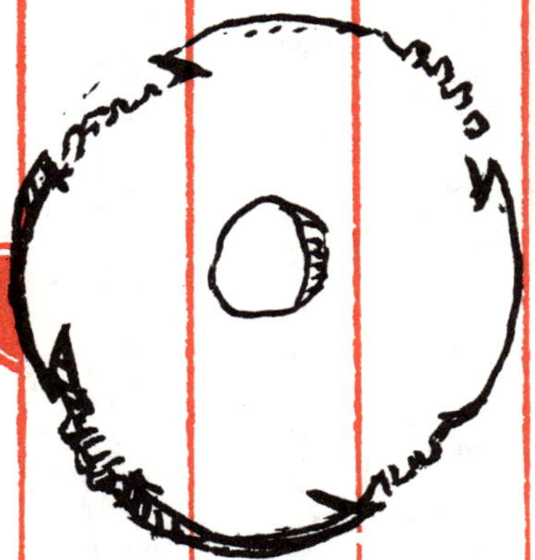

璇玑亦有四刀者，當更早。

越發看出是國形石刀的遺製，小牙也仍然是傳在捕上的，中國古陶發現明在區千年前，當時即有陶旋，此種旋刀，必為亦用■陶旋■用其的機械，以施用者，實大有可能。

後以此等轉輪連接之，即為旋力。

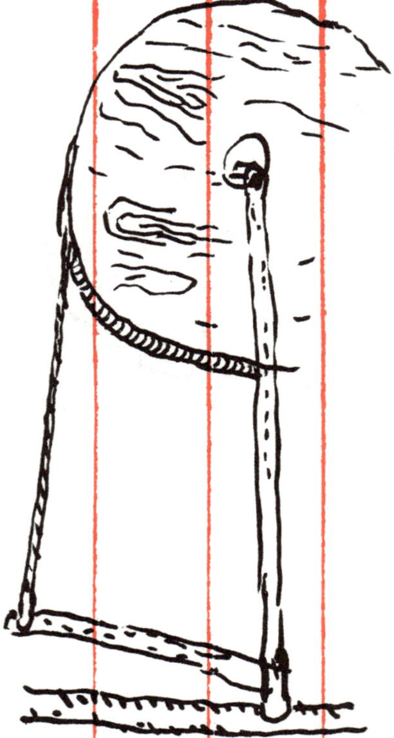

足踏变

連小雯

書「在璇璣玉衡，以齊七政」後者都以七政乃七曜，璇璣玉衡是最精細的創制物，在与才通，才是发始的意，草創璇璣玉衡，以齊七政」七政是四时天地人。衡璜衍为一字，吴大澂已先言之，衡的道理发現可以应用到许多方面里去，使生活推进一大步，所以为璇玑玉衡来标志当时一個时代而說，与後来的天文的用意不同。

璧被作礼器之後，即消滅它原来的牙，璇璣和璧本来都是圆形石斧，所以都為转成為璧。璧也是璇璣的後身。璧發展到戰國末期，漢之初期，就形成星文：

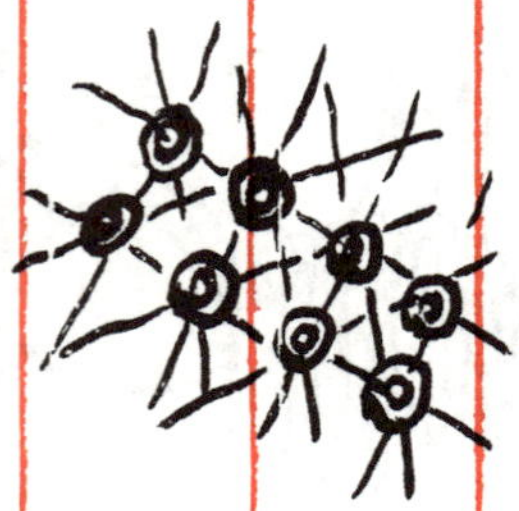

這本来是穀芽的界线，現在成了星文，這就是從用璧来象征天的思想就变为圆满了。

這是最有意思的，故陳列一璧玉为双戊日生文，

我有一小璧玉为缮铜星文，多双戊，祇作图些。

到周代天圆地方的观念更确立了，周代把这些一都側穿上礼的外衣，就确定以璧玉礼天，以琮祀地。

又有出土石包丁甚多。辉县出土东西带牙石虎，

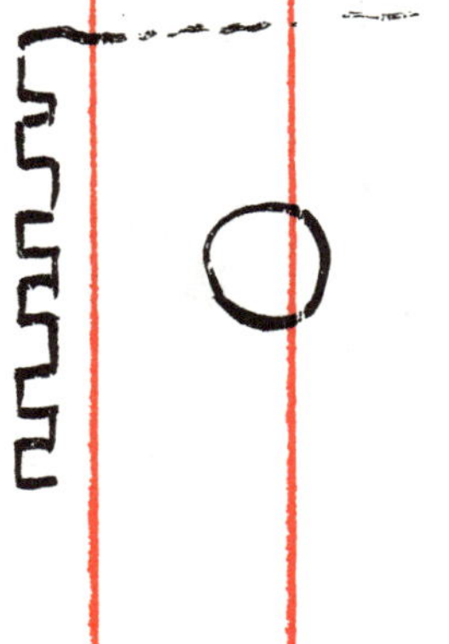

又有「牙衝」「玉衝」等物，此种牙与戈形上牙，铜戈亦然同一源流，这祇作为装饰之用了，所以之

仍反不知它本来意思。

鲁颂：「憬彼淮夷，来献其琛，元龟象齿，大赂南金」。我国带钩金镶玉，玉刻作长形元龟，形式极为别致。诗「钩膺镂锡」这个钩王要指带钩，

带钩下一孔为金上员玄龟形玉长，无异式也。

册为由弋琢匣变而来，故留有一高玄孔，形制如下：

全身无其他花饰，又有見一小形，

如别针大，即人之天骨的的書大是用古形制合用。

即今日出書别。

稀与細窗，粤言细者猶是其遗意。

吴王夫差劍 太虞劍 郜徽

丙 甲 乙

之形，劍在更古时代，当更短，即如甲乙之后，迺長，後如乙丙，可以此推定劍之年代，此極特徵為我春秋末期。

有一山出土者，原標物柄。實為古代小圓刀：

下為其刃，上為其柄，用它来加以压力的。我用来切紙，劃然分開，可证这在古代實在是寶物。此物当是商器。

佩：實在無有實用價值，如用以系巾，或其它小物是也，後來物已易找，則不分把用，直以佩為佈物，但其下邊常亦多加彩穗等物，

衡璜，是一字，我有一直璜，形制如下：

這是商器，刻製做英挺，可以說明横、璜是一個東西。中國最早懂得槓桿的道理便是從璜看出。

現在規尚未出土，故宮商代笄有骨

製　形者，這祇能用它偶然畫圓，沒有必然的意味。中國最早的規，可能把索子一端固定下來做中心，然後將索拉直繞中心畫一一百六十度圓周。

王元作筆筒刻竹林七賢，當係明人刻法古樸，極有韻致。

吳達作筆筒　松下老人書畫隨人

崇文門外東小市精忠廟有十二音神，其中供雷音孫登真人，此即嵇康入中所記之今斷孫登音也。嵇康自謙之詞，使孫登得為後人所知，否則安問極難乃知孫登其人。後安復以廣陵散從此絕矣之大師既然服膺之而競供奉之。十二音神且有鳳鳴阮籍真君，而無阮咸，大蓋是恥其絕嘯，遂不恥阮咸之諂樂。

○復旦學報一九五六年第一期胡厚宣釋甲骨文為夾，大誤，此即古因字。古襄字从和从衣，此象人著衣也，与襄意同，因字中向大

字每人■也，胡必釋為夾，並指出猶從為誤。

○漢書燕王旦傳：「虹下屬宮中，飲井水，水泉竭」。釋天又「霓，齧也，其體斷絕，見于非時，此災氣也，傷害于物，如有所食齧也。」我兒時指虹，母親輒禁止，說■是要爛手指頭，那么，可知就是怕被霓所齧的意思，詩「蝃蝀在東，不可指矣，」也是這個道理。

○㱿 說文从上擊下也一曰素也从殳青聲苦角切青苦江切，又玨無作瑴，甲骨文㱿郭老以為是㱿之省文，我以為㱿即瑴，是玉器，待更進一步的證明。

•大宗伯以疈辜祭四方，疈即觚。古辜即觚的借字，有角的为觚，琮是一带四角的，所以这里的辜之误即指琮。

○钱即范胜之书的刻

○卢葵生漆砂砚仿单中说：澄泥法已失传，今仿古皆粗糙不可用。可见乾隆期间已无好澄泥砚，如有之，即乾隆以前物也，可据甚断代。（近期古物参考资料）

又原仿单学研斋，是小山句。据小山画与少山为一人，据朱古贤人说小山李姓，恐有道理，唐有李山，後復有兩李山，又有李次山，李少山，或即請李山之後裔？或為樂矽者匠為余未知之。

○〔塗黑〕趙書黃庭內景經，松雪真蹟。余得見十餘種，西書約千字文、黃庭、汲黯傳及此碑銘，如香光所臨者，卷使好耘松雪君為大言，藐視松山，傾倒突呈前輩潘識之器，慶甲子有翔來杜玉璞

一、高炉要用透明火磚砌，就容易檢查炉况。

二、以含矽泥涂噴建築物上

白云在紗窗前漂過，便覺紗絲顫动。

○一九五七四月十五日文汇报有刘文典记太炎先生文

靈剎休丁香是由民间傳说来的，民间傳说是不重丁香重海棠，也就是不稱丁香種海棠，所以丁香是苦的。